Giesbert Damaschke

Siri Handbuch

für Mac, iPhone, iPad, Apple TV & Apple Watch

amac
BUCH VERLAG

Giesbert Damaschke

Siri Handbuch

für Mac, iPhone, iPad, Apple TV & Apple Watch

ISBN 978-3-95431-050-0

Hergestellt in Deutschland

Trotz sorgfältigen Lektorats schleichen sich manchmal Fehler ein. Autoren und Verlag sind Ihnen dankbar für Anregungen und Hinweise!

amac-buch Verlag
Erlenweg 6
D-86573 Obergriesbach
E-Mail: info@amac-buch.de
http://www.amac-buch.de
Telefon +49(0) 82 51/82 71 37
Telefax +49(0) 82 51/82 71 38

Inhalt

Vorwort

Liebe Leserinnen, liebe Leser,

vielleicht geht es Ihnen mit Siri ja so wie mir: Bei meinem ersten Kontakt mit Siri war ich irritiert. Ich soll mit meinem Telefon reden – ohne dass ich mit jemandem telefoniere? Wozu soll das denn gut sein? Dann habe ich Siri vorsichtig ausprobiert. Zuerst im stillen Kämmerlein mit einfachen Anweisungen, kleinen Notizen, dem Anlegen von Erinnerungen und der Suche im Internet, dann immer häufiger. Nach und nach wich meine Skepsis immer größerem Erstaunen. Ich war verblüfft, wie genau Siri meine hingenuschelten Diktate erkannte, wie schnell es plötzlich ging, eine Aufgabe zu notieren, jemanden anzurufen oder rasch etwas im Internet nachzuschlagen. Mit jedem Versuch schien Siri mich besser zu verstehen, mit jedem Versuch wurde der Einsatz von Siri selbstverständlicher. Inzwischen gehört Siri für mich zum ganz normalen Alltag (auch wenn ich Siri nach wie vor eher daheim als in der Öffentlichkeit nutze).

Mit jedem neuen iPhone, jeder neuen Version des iPhone-Betriebssystems (iOS) wuchsen Siris Fähigkeiten. Bis ich endlich neugierig wurde und es wissen wollte: Was genau kann Siri – und woran scheitert der Sprachassistent noch? Das Ergebnis halten Sie nun in Händen.

In diesem Buch habe ich meine Erfahrungen mit Siri zusammengetragen. Bei der intensiven Nutzung von Siri wuchs meine Verblüffung über die in den Jahren kontinuierlich gewachsenen Fähigkeiten von Siri. Natürlich ist Siri nicht perfekt, aber es ist mehr als erstaunlich, wie gut und zuverlässig Siri inzwischen funktioniert. Bei der Arbeit an diesem Buch entdeckte ich immer neue Möglichkeiten, immer neue Szenarien, in denen Siri mir hilft, meinen Alltag ein klein wenig angenehmer zu gestalten.

Ich möchte Sie mit diesem Buch ermuntern, Siris Fähigkeiten zu erkunden. Probieren Sie die Beispiele in diesem Buch aus, ändern Sie ruhig die Formulierungen, lassen Sie sich einfach einmal spielerisch auf Siri ein. Kurz: Gehen Sie auf Entdeckung und reden Sie mit Ihrem Telefon – auch dann, wenn Sie gar nicht telefonieren.

Ihr
Giesbert Damaschke

September 2016

PS: Und noch etwas sollten Sie unbedingt wissen: Siri funktioniert nicht nur mit Ihrem iPhone – sondern mit allen neuen Apple-Produkten. Ganz gleich, ob Sie ein iPad, einen Mac mit macOS Sierra, eine Apple Watch oder ein Apple TV der vierten Generation benutzen: auf allen Geräten steht Ihnen Siri hilfreich zur Seite. Kapitel 8 (Apple Watch) und Kapitel (Apple TV) steuerten Anton Ochsenkühn und Johann Szierbeck – herzlichen Dank

Kapitel 1 Grundlagen

Hallo Siri!

Am 4. Oktober 2011 schrieb Apple (einmal mehr) Geschichte. Erstmals stellte das Unternehmen an diesem Tag eine Sprachsteuerung für Smartphones mit dem Namen „Siri" vor. Siri, so das Unternehmen, soll „ein intelligenter Assistent" sein, „der dabei hilft Dinge zu erledigen, indem man einfach danach fragt".

> **!** **Warum eigentlich „Siri"?** Siri ist ein weiblicher Vorname, und wer will, kann Apple jetzt Sexismus vorwerfen, wird hier doch das alte Klischee der immer untergeordneten Sekretärin bedient. Aber Siri ist auch die Abkürzung für „Speech Interpretation and Recognition Interface", also für „Schnittstelle zur Interpretation und Erkennung von Sprache". Inzwischen ist es auch möglich, Siris akustische Wiedergabe von „weiblich" auf „männlich" umzustellen.

Was ist Siri?

Apples offizielle Erklärung klingt etwa nebulös und rätselhaft. Das ist wenig überraschend, schließlich eröffnet Siri neue und ungewohnte Möglichkeiten, mit einem elektronischen Gerät zu interagieren. Statt Knöpfe zu drücken, Menübefehle auszuwählen oder Auswahlfelder anzutippen, spricht man einfach mit dem Gerät – und das Gerät reagiert.

Wer die Science-Fiction-Serie „Star Trek" („Raumschiff Enterprise") kennt, der hat schon eine Vorstellung davon, was Siri leisten soll. In der Serie sagt man dem Computer einfach, was man möchte, und der Computer antwortet prompt. Dabei wird das Sprachkommando mit dem Stichwort „Computer!" eingeleitet, und es folgt die Anweisung oder Frage, die der Computer ausführen bzw. beantworten soll.

Mit Siri soll diese Science-Fiction konkrete Realität werden. Siri soll nicht nur natürlichsprachliche Fragen beantworten und Anweisungen ausführen, sondern lässt sich auf Wunsch ebenfalls über ein Sprachkommando – hier: „Hey

Siri“ – aktivieren. Und da der neue Umgang mit dem iPhone zuerst natürlich ungewohnt und fremd scheint, ist es kein Wunder, dass Apple sich bemühte, Siri auf einer eigenen Webseite mit vielen Beispielen zu erläutern.

Siri versteht Kontext

Apple betonte von Anfang an zwei Aspekte:

- *Kein Training:* Spracherkennung selbst ist nicht neu, Systeme, die auf gesprochene Sprache reagieren, gab es schon lange vor Siri. Doch diese Systeme mussten zuerst an die individuelle Stimme des Anwenders gewöhnt werden. Dazu sprach man eine Reihe von vorgegebenen Sätzen und Kommandos und wiederholte sie so lange, bis die Sprachanweisungen fehlerlos umgesetzt wurden. Bei Siri ist das anders, Siri muss nicht an die eigene Stimme und Sprechweise gewöhnt werden, ein spezielles Training entfällt ebenfalls. Siri funktioniert einfach (na ja – meistens).
- *Verstehen:* Typische Sprachsteuerungsprogramme erkennen einen bestimmten, fest vorgegebenen Befehlssatz. Auch hier weicht Siri vom gewohnten Standard ab, denn Siri beherrscht „semantische Anfragen“. Das bedeutet: Siri „versteht“ nicht nur einfache Sprachkommandos, sondern erkennt auch den Kontext von Fragen und Kommandos und beherrscht auch Rückbezüge auf bereits Gesagtes.

Bei einer Frage wie „Brauche ich am Wochenende einen Regenschirm?“ erkennt Siri, dass man wissen möchte, ob es am kommenden Wochenende wohl regnen wird; bei „Wie ist hier der Verkehr?“ greift Siri auf die Ortungsdaten des iPhones zu und zeigt prompt eine Übersicht über die Verkehrssituation des Ortes, an dem man sich aktuell aufhält. Sie können sich von Siri auch eine SMS vorlesen lassen und anschließend mit „Ruf ihn an“ (bzw. „Ruf sie an“) den Absender der SMS per Telefon oder FaceTime kontaktieren, ohne den Namen des Absenders noch einmal explizit nennen zu müssen.

Auch Beziehungen wie „mein Bruder“ oder „meine Frau“ werden von Siri automatisch erkannt – falls diese Informationen in den Kontakten hinterlegt sind –, so dass es kein Problem ist, mit „Schreib eine Nachricht an meine Frau, ich komme etwas später“ eine entsprechende SMS zu verschicken. Natürlich fragt Siri vor dem Versenden sicherheitshalber noch einmal nach – schließlich sind Missverständnisse nie ausgeschlossen und eine falsch erkannte Nachricht, die auch noch an die falsche Person geschickt wird, kann zu eher peinlichen Situationen führen.

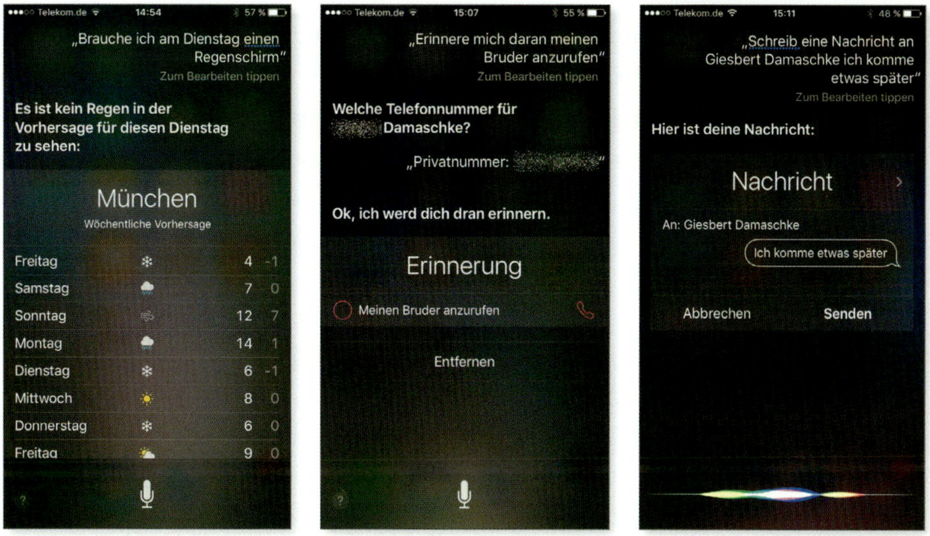

Siri versteht bei Fragen auch Kontexte und erkennt etwa, dass mit „Regenschirm" eine Abfrage nach der Regenwahrscheinlichkeit gemeint ist. Beziehungen zu Personen werden erkannt, wenn diese Informationen in den Kontakten hinterlegt sind.

Die Entwicklung von Siri

Anfangs bekam Siri von Apple einen „Beta"-Stempel – das war ein für Apple durchaus ungewöhnlicher Schritt, schließlich wirkt es schon etwas seltsam, dass ein Unternehmen eine neue Funktion bzw. Software offiziell einführt, aber gleichzeitig zugibt, dass das Produkt noch nicht ganz ausgereift und fertig ist.

Doch bei Siri hatte Apple keine andere Chance. Denn damit ein System gesprochene Sprache in der gewünschten Form analysieren kann, benötigt es nicht nur sehr viel Speicher und hohe Rechenkapazitäten, sondern vor allem eins: Daten. Und zwar jede Menge davon, so viel, wie es nur irgendwie bekommen kann.

Je umfangreicher, vielfältiger und abwechslungsreicher der Datenbestand ist, mit je mehr Aussprache- und Formulierungsnuancen das System gefüttert wird, desto besser erkennt es die gesprochene Sprache vieler verschiedener Menschen, die alle ihre eigene Betonung, ihr eigenes Sprechtempo und ihre eigene, individuelle Aussprache haben.

Erst zwei Jahre nach der Einführung von Siri entfernte Apple den „Beta"-Hinweis in allen Veröffentlichungen zu Siri: Seit September 2013 ist Siri für Apple ein ausgereiftes Produkt. Das heißt aber nicht, dass Siri gewissermaßen „fertig" und die Arbeit daran abgeschlossen ist – im Gegenteil.

Das System wird kontinuierlich ausgebaut, um neue Möglichkeiten erweitert, und mit jedem Systemupdate von iOS bekommt Siri zusätzliche Fähigkeiten spendiert. Anfangs waren die Einsatzmöglichkeiten von Siri recht überschaubar – sehr viel mehr als Texte notieren, Nachrichten schreiben, Erinnerungen anlegen oder nach verschiedenen Informationen fragen war kaum möglich. Inzwischen ist Siri sehr viel leistungsfähiger geworden, und ein Ende der Entwicklung ist vorerst nicht absehbar.

!

Datensammler: Die Beta-Phase von Siri zum Sammeln von Sprachdaten ist kein Einzelfall, sondern in der Branche üblich. So stellte zum Beispiel Apples Konkurrent Google von 2007 bis 2010 in den USA eine kostenlose Telefonauskunft namens „GOOG-411" bereit. So sammelte Google in relativ kurzer Zeit eine Vielzahl von Sprachdaten, die dann in Googles 2012 vorgestellte Siri-Pendant „Google Now" einflossen.

Wie funktioniert Siri?

Spracherkennung gehört zu den komplexesten Aufgaben, die ein Computer erledigen kann. Gesprochene Sprache ist zu vielfältig, bietet zu viele Varianten und individuelle Muster, als dass man hier mit einer simplen Datenbank und einer Handvoll Algorithmen allzu weit käme. Da stellt sich natürlich die Frage, wie Siri auf dem iPhone eigentlich funktioniert – schließlich sind die Speicher- und Rechenkapazitäten des Gerätes beschränkt.

Das passiert bei einer Anfrage an Siri

Des Rätsels Lösung ist recht einfach: Auf dem iPhone findet überhaupt keine Analyse der gesprochenen Sprache statt – das erledigen die Server von Apple.

Im Prinzip passiert bei einer Anfrage an Siri vereinfacht gesagt folgendes:

1. Sie aktivieren Siri durch einen längeren Druck auf die Home-Taste und sprechen Ihre Anfrage oder das Kommando, etwa „Wie hoch ist der Mount Everest?“.
2. Siri zeichnet die Eingabe auf und komprimiert sie.
3. Die komprimierte Audiodatei wird via Internet an die Server von Apple geschickt.
4. Auf den Servern von Apple wird die Anfrage analysiert und das Ergebnis an das iPhone via Internet zurückgeschickt.
5. Im gewählten Beispiel erhält Siri etwa von den Servern die Anweisung, eine Websuche nach „Höhe Mount Everest“ durchzuführen und das Ergebnis anzuzeigen.

Internet ist Pflicht

Das skizzierte Verfahren macht vor allem eines deutlich: Ohne Internet funktioniert Siri nicht. Sie müssen mit Ihrem iPhone unbedingt online sein, damit Sie Siri nutzen können. Wenn Sie das iPhone etwa in den Flugmodus versetzt haben, kann Siri keinen Kontakt zu den Apple-Servern aufnehmen und somit auch keine Fragen beantworten oder Anweisungen ausführen.

Und nicht nur das: Wenn Apples Server ausfallen, hilft Ihnen die beste Internetverbindung nichts, dann funktioniert Siri ganz einfach nicht. Das gilt natürlich auch, wenn Ihre Internetverbindung während der Nutzung von Siri abreißt.

Es kommt zwar selten vor, aber es kommt vor, dass Siri aus einem der genannten Gründen nicht funktioniert. In diesem Fall erhalten Sie nach ein paar Sekunden Wartezeit, in der Siri versucht, die Apple-Server zu erreichen, eine entsprechende Meldung mit der Aufforderung, es „in einer Weile“ noch einmal zu probieren.

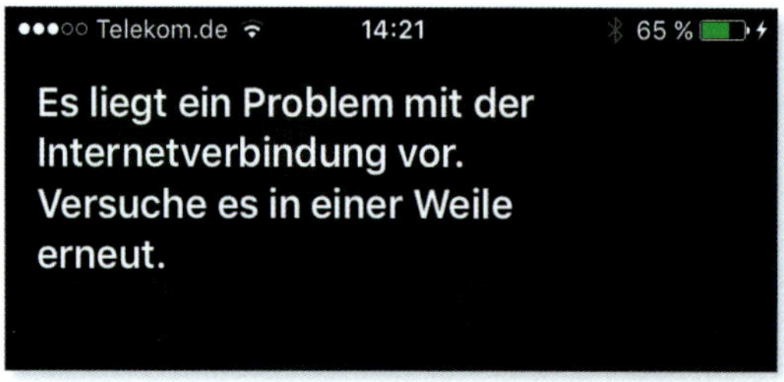

Auch wenn eine Internetverbindung besteht, kann es passieren, dass Siri keinen Kontakt zu den Apple-Servern aufnehmen kann. Oft ist der Fehler beim nächsten Versuch schon wieder behoben.

In diesem Fall können Sie „in einer Weile“ getrost als „gleich noch einmal“ interpretieren. Denn oft handelt es sich nur um kurze, vorübergehende Störungen, die beim nächsten Versuch bereits nicht mehr auftreten.

> **!** **Wenn Siri streikt:** Falls Siri auch nach mehreren Versuchen nicht wie gewünscht reagiert, obwohl eine Internetverbindung zu bestehen scheint, kann es helfen, die Online-Verbindung des iPhones neu aufzubauen. Das geht am einfachsten, indem Sie das Gerät in den Flugmodus versetzen, kurz warten und den Flugmodus wieder beenden. Den Flugmodus schalten Sie am schnellsten über das Kontrollzentrum aus und wieder ein.

Siri benötigt zwingend eine Internetverbindung. Wenn Sie möchten, können Sie Siri auffordern, den Flugmodus zu aktivieren. Beantworten Sie die Nachfrage von Siri kurzerhand mit „Ja“, schaltet Siri wie gewünscht den Flugmodus ein, kappt damit sämtliche Online-Verbindungen – und zieht sich gewissermaßen selbst den Boden unter den Füßen weg.

Welche Geräte unterstützen Siri?

Mit der Einführung im September 2011 war Siri nur auf dem iPhone 4S verfügbar (und bislang war der Einfachheit halber auch nur von Siri auf dem iPhone die Rede) – aber auf das iPhone ist Siri schon lange nicht mehr beschränkt. Schon im nächsten Jahr war Siri auch auf anderen Geräten zuhause, heute finden Sie Siri auf jedem halbwegs modernen Gerät mit iOS. Auf folgenden Geräten ist Siri aktuell verfügbar (Herbst 2016):

- *iPhone:* Jedes iPhone ab dem Modell iPhone 4S
- *iPad:* Ab der 3. Generation (also ab dem iPad, das 2012 auf den Markt kam)
- *iPad mini:* Jedes Modell
- *iPad Air:* Jedes Modell
- *iPad Pro:* Jedes Modell
- *iPod touch:* Ab der 5. Generation (das sind die Geräte, die Ende 2012 auf den Markt kamen)
- *Mac:* Alle Mac-Computer, auf denen macOS Sierra installiert ist.
- *Apple TV:* Auf dem Apple TV läuft zwar kein iOS, aber Siri gibt es hier auch, nämlich in Form der Fernbedienung „Siri Remote", die zusammen mit dem Apple TV der 4. Generation im September 2015 eingeführt wurde.
- *Apple Watch:* Auch auf Apples Smartwatch ist Siri verfügbar.

> **!** **Sprachregelung:** Auch wenn Siri auf verschiedenen Geräten verfügbar ist, wird im Rahmen dieses Buches in der Regel nur das iPhone genannt, das also stellvertretend für iPhone, iPad und iPod touch steht. Besonderheiten beim Einsatz von Siri auf dem Mac, mit der Apple Watch oder Apple TV werden berücksichtigt.

Siri und die Datensicherheit

Alle Anfragen an Siri landen als Sprachdatei auf den Servern von Apple, wo sie nicht nur analysiert, sondern auch für einen längeren Zeitraum gespeichert werden. Da stellt sich natürlich die Frage nach dem Schutz der Sprachdaten. Schließlich werden Siri nicht nur eher belanglose Fragen nach dem Wetter oder den letzten Sportergebnissen gestellt, sondern durchaus auch private oder sensible Informationen übermittelt.

Die gesamte Kommunikation zwischen Siri und den Apple-Servern wird mit HTTPS verschlüsselt, also mit der gleichen Methode, mit der etwa auch Online-

Banking abgesichert wird. Mit anderen Worten: Die Daten wandern verschlüsselt durchs Internet und können ausschließlich auf dem iPhone bzw. den Apple-Servern entschlüsselt und gelesen werden – ein heimlicher Lauscher im Internet hat hier keine Chance, der bekommt lediglich unverständlichen Datensalat.

Bei der Aktivierung von Siri erzeugt das jeweilige Endgerät eine zufällige, eindeutige Gerätekennung. Spracheingaben, die Siri an den Server schickt, werden zusammen mit dieser Kennung sechs Monate auf den Servern gespeichert und sind damit eindeutig mit dem jeweiligen Endgerät und untereinander verknüpft. In diesen sechs Monaten ist Apple also in der Lage, Ihre Spracheingaben eindeutig mit Ihrem iPhone zu verbinden und zu personalisieren. Diese identifizierbare Verknüpfung ist notwendig, damit Siri lernt, Sie besser zu verstehen.

!

Kennung löschen: Sobald Sie Siri deaktivieren und erneut einschalten, wird die alte Gerätekennung gelöscht und eine neue erzeugt. In diesem Fall „vergisst" Siri also die Verbindung zu den Sprachdaten, die das System in den letzten sechs Monaten gespeichert hat. Das führt automatisch zur Anonymisierung der gespeicherten Daten – aber auch dazu, dass Siri wieder ganz am Anfang steht und Sie im Laufe der Zeit erneut kennenlernen muss, um Sie besser zu verstehen.

Nach sechs Monaten wird die Kennung von den Daten entfernt, die Spracheingaben werden also vollständig anonymisiert. In dieser Form speichert Apple die Daten anschließend bis zu zwei Jahre. Die Speicherung der Daten hilft dabei, Siri insgesamt zu verbessern. Denn wie gesagt: Damit Spracherkennung zuverlässig funktioniert, werden jede Menge Daten benötigt.

Zusammen mit den jeweiligen Anfragen überträgt Siri (je nach Anforderung) weitere persönliche Informationen – von den Titeln der Songs, die Sie auf Ihrem iPhone gespeichert haben, über Ihren aktuellen Standort bis hin zu Ihrem Namen (wie er in den Kontakten hinterlegt ist) oder Ihren Beziehungen zu anderen Personen.

Manche Daten werden allerdings nicht gespeichert. Wenn Sie Siri zum Beispiel bitten, Ihnen die zuletzt erhaltene Nachricht vorzulesen, dann schickt Siri das Kommando zuerst zur Analyse an den Server, der Siri wiederum anweist, die Nachricht vorzulesen. Die Umwandlung der Nachricht in gesprochenen Text passiert ausschließlich auf dem iPhone, der Inhalt der Nachricht oder der Name des Absenders werden nicht an die Server geschickt.

Siri aktivieren und einstellen

Standardmäßig wird Siri bei der Einrichtung von iPhone, iPad & Co aktiviert und steht sofort zur Verfügung. Da dieser Schritt bei der Einrichtung aber auch übersprungen werden kann, kann es sein, dass auf Ihrem Gerät Siri noch nicht eingeschaltet ist. Doch keine Sorge – Siri lässt sich jederzeit ein- und natürlich auch wieder ausschalten.

Siri aktivieren/deaktivieren

In früheren Versionen von iOS hatte Apple die Einstellungen von Siri ein wenig versteckt (unter *Einstellungen –> Allgemein –> Siri*), ab iOS 10 hat Siri einen prominenten Platz unter *Einstellungen –> Siri* ❶ bekommen. Hier aktivieren Sie Siri über den entsprechenden Schalter ❷.

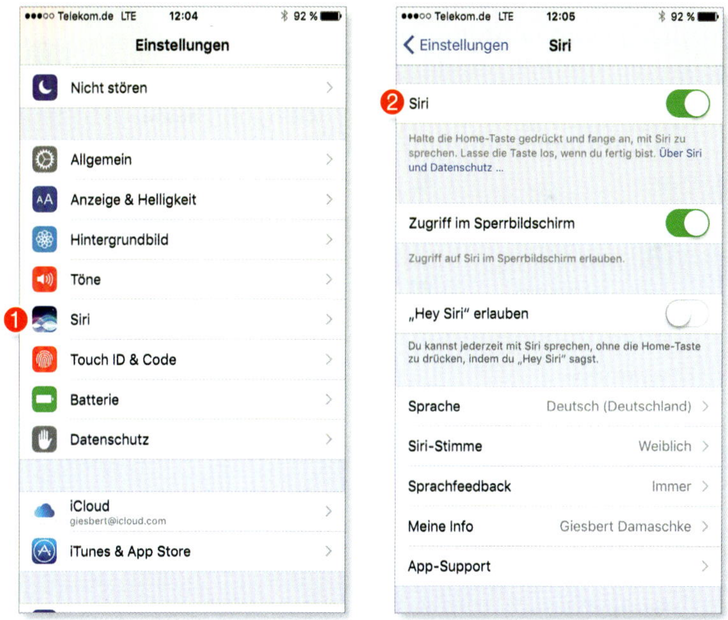

In den Einstellungen können Sie Siri ein- und natürlich auch ausschalten.

Die Einstellungen von Siri

Nach der Aktivierung ist Siri sofort einsatzbereit. Es lohnt sich aber, zuvor einen Blick auf die verschiedenen Einstellungen von Siri zu werfen, um die Spracherkennung und die Reaktionen von Siri Ihren Wünschen optimal anzupassen.

Der wichtigste Punkt ist dabei natürlich die Sprache, die Siri verstehen soll. Standardmäßig übernimmt Siri die Spracheinstellung, die Sie bei der Einrichtung des iPhones gewählt haben. Haben Sie hier also „Deutsch“ eingestellt, reagiert Siri auch auf deutsch gesprochene Anweisungen.

Nun kann es allerdings sein, dass Ihre Sprache und die Spracheinstellungen des iPhones voneinander abweichen. Zum Beispiel dann, wenn Sie Ihr iPhone etwa aus beruflichen Gründen auf „Englisch“ gestellt haben, selbst aber deutsch sprechen und mit Siri sich auf Deutsch unterhalten wollen.

In diesem Fall wählen Sie in den Einstellungen von Siri den Punkt *Sprache* ❸ anschließend die gewünschte Sprache. Dabei ist es auch möglich, zwischen verschiedenen Aussprachevarianten einer Sprache zu wählen, also etwa zwischen *Deutsch (Deutschland)* und *Deutsch (Österreich)* oder zwischen *Englisch (Vereinigtes Königreich)* und *Englisch (Kanada)*.

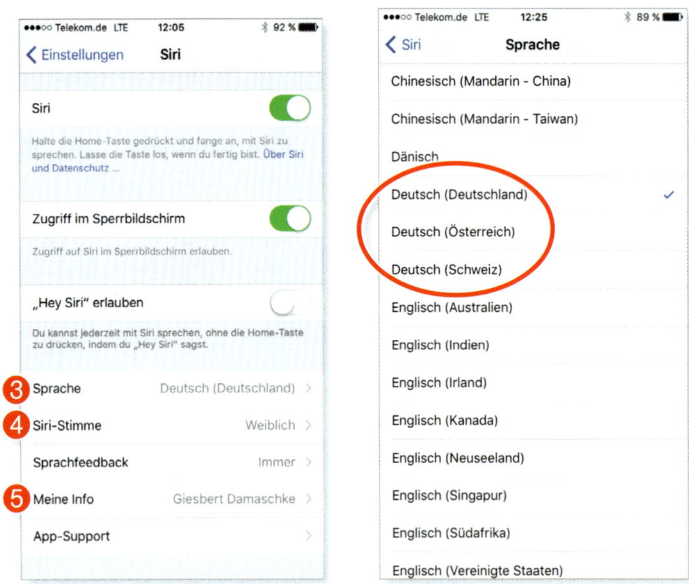

Die Festlegung, welche Sprache Siri verstehen soll, ist die wohl wichtigste Einstellung in Siri. Dabei können Sie auch zwischen verschiedenen Variationen einer Sprache wählen.

> **!** **Nur eine Sprache:** Leider ist Siri aktuell nicht in der Lage, mit mehr als einer Sprache umzugehen. Haben Sie als Sprache etwa „Deutsch" eingestellt, wird Siri Probleme bekommen, sobald Sie englische Begriffe oder Namen benutzen. Das ist besonders bei der Musikwiedergabe störend, wenn Sie Siri zum Beispiel anweisen, Titel eines englischen oder amerikanischen Interpreten zu spielen – das geht häufig schief.

Standardmäßig antwortet Siri mit einer weiblichen Stimme. Das können Sie natürlich ändern. Tippen Sie dazu auf *Siri-Stimme* ❹ und wählen Sie zwischen *Weiblich* und *Männlich*.

Damit Siri weiß, wen Sie meinen, wenn Sie „Ich" sagen oder Siri bitten, Ihnen die Route nach Haus zu zeigen, muss Siri natürlich wissen, wer Sie sind. Das legen Sie unter *Meine Info* ❹ fest. Standardmäßig ist hier bereits Ihr Eintrag aus den Kontakten ausgewählt. Falls das nicht der Fall sein sollte, tippen Sie auf *Meine Info* und wählen anschließend den gewünschten Eintrag aus Ihren Kontakten.

Siri zeigt Ihnen die Antwort auf Ihre Anfrage zum einen als Text auf dem Bildschirm an, zum anderen wird die Antwort auch mit der gewählten Stimme gesprochen. Dabei regeln Sie die Lautstärke wie gewohnt über die entsprechenden Tasten am Rand des iPhones. Ein gesprochenes Feedback ist allerdings nicht immer erwünscht, mitunter wird eine gesprochene Antwort als störend empfunden. Da trifft es sich gut, dass Sie einstellen können, wann Siri mit gesprochener Sprache reagieren soll. Dazu tippen Sie auf *Sprachfeedback* ❻ und wählen eine der drei möglichen Optionen:

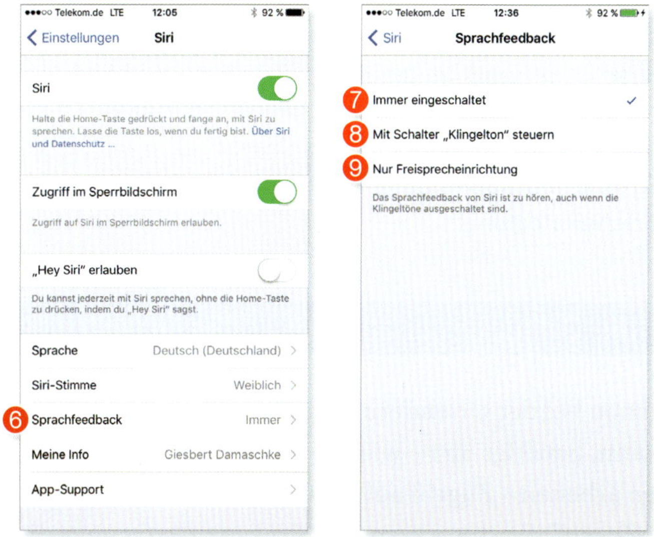

Standardmäßig reagiert Siri mit gesprochener Sprache – aber das können Sie anpassen.

1. *Immer eingeschaltet* ❼: Diese Option macht genau das, was der Name sagt – Siri reagiert immer mit gesprochener Sprache, ganz gleich ob Sie die Systemtöne bzw. den Klingelton ausgeschaltet haben oder nicht. Dies ist die Standardeinstellung von Siri.
2. *Mit Schalter „Klingelton" steuern* ❽: Aktivieren Sie diese Option, bleibt Siri stumm, wenn Sie Ihr iPhone stumm-, also die Klingeltöne ausgeschaltet haben. Der Signalton, den Siri beim Start üblicherweise spielt, und das Sprach-Feedback bleiben allerdings dann aktiv, wenn Sie „Hey Siri" eingeschaltet haben (was das ist und warum es sinnvoll ist, dass das Sprach-Feedback hier nicht auszuschalten ist, erfahren Sie im nächsten Abschnitt). Auch wenn Sie einen Kopfhörer angeschlossen oder Siri via Bluetooth an eine Freisprechanlage anschließen, antwortet Siri mit gesprochener Sprache.
3. *Nur Freisprecheinrichtung* ❾: In diesem Fall bleibt Siri fast immer stumm – es sei denn, Ihr iPhone ist via Bluetooth oder Apples CarPlay mit einem Lautsprecher bzw. einer Freisprecheinrichtung verbunden. Das ist auch sinnvoll, denn sobald Siri über eine Freisprecheinrichtung antworten soll, haben Sie Ihr iPhone in der Regel nicht in der Hand und können nicht mit einem Blick auf den Bildschirm die Antwort lesen – hier ist Siri also nur dann hilfreich, wenn das System mit Ihnen spricht. Siri spricht auch dann mit Ihnen, wenn Sie einen Kopfhörer anschließen. Und natürlich reagiert Siri auch bei „Hey Siri" mit gesprochener Sprache.

!

Siri schweigt nie: Eine vollständige Stummschaltung von Siri ist von Apple nicht vorgesehen, spätestens bei der Verbindung zu einer Freisprechanlage oder bei der Nutzung von „Hey Siri" reagiert das System immer mit einer gesprochenen Rückmeldung (was auch durchaus sinnvoll ist). Wenn Sie Siri möglichst oft zum Schweigen bringen möchten, dann empfehle ich Ihnen die Einstellung **Nur Freisprecheinrichtung**.

Zugriff auf die Ortsdaten erlauben

Damit Siri Ihnen bei der Orientierung in fremden Städten helfen oder Routen berechnen kann, benötigt Siri – wie alle Apps und Komponenten von iOS, die mit Ortsdaten arbeiten – Zugriff auf die Ortungsdienste des iPhones. Von Haus aus ist dieser Zugriff allerdings gesperrt. Siri kann die Ortungsdienste erst dann nutzen, wenn Sie es dem System explizit erlauben.

Eine normale App wie etwa Kamera oder Karten blendet beim ersten Zugriff auf die Ortungsdienste einen entsprechenden Dialog ein, in dem Sie diesen Zugriff erlauben oder auch verbieten können. Anschließend arbeiten Sie mit der App einfach weiter, Sie müssen die App also nicht verlassen, um den Zugriff zu regeln.

Bei Siri ist das anders. Siri blendet keinen Dialog ein, sondern fordert Sie auf, in den Einstellungen den entsprechenden Schalter zu aktivieren. Dazu müssen Sie Siri verlassen, zu den Einstellungen wechseln, dort den Zugriff erlauben und anschließend Siri erneut aufrufen.

Da ist es einfacher, diesen Zugriff gleich zu Beginn zu erlauben. Dazu wählen Sie zuerst *Einstellungen –> Datenschutz –> Ortungsdienste*. Hier tippen Sie auf *Siri & Diktieren* und wählen *Beim Verwenden der App*.

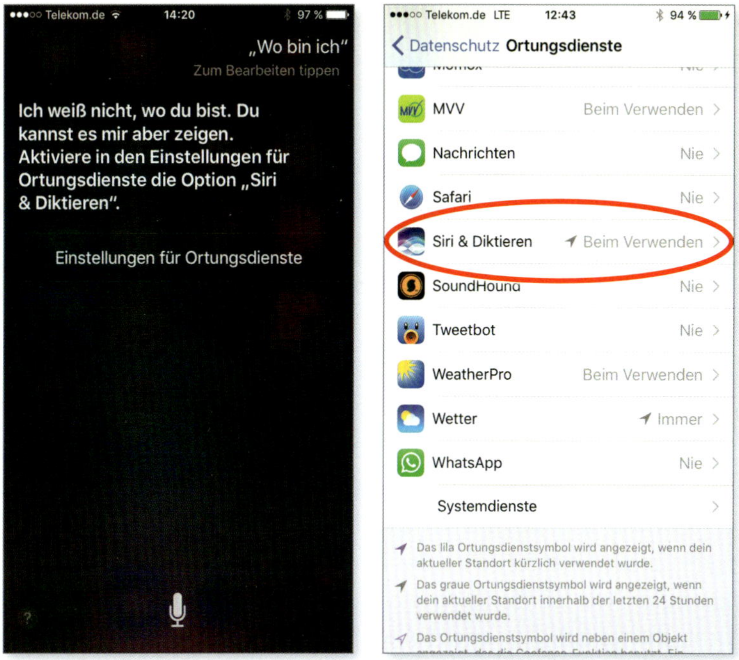

Damit Siri Anfragen beantworten kann, für die es den Zugriff auf die Ortungsdienste benötigt, müssen Sie diesen Zugriff zuerst explizit erlauben.

Falls Sie es sich später einmal anders überlegt haben und auf die Ortungsfunktionen von Siri verzichten möchten, können Sie die erteilte Erlaubnis jederzeit wieder zurückziehen. Tippen Sie dazu auf *Siri & Diktieren* und wählen Sie *Nie*.

„Hey Siri"

Üblicherweise startet Siri mit einem etwas längeren Druck auf die Home-Taste. Doch es gibt im Alltag immer wieder Situationen, in denen man sein iPhone gerade nicht zur Hand hat, aber dennoch rasch eine Frage beantwortet haben oder einen Termin eintragen möchte.

Wenn Ihr iPhone dann in Reichweite ist – also zum Beispiel auf dem Tisch liegt –, dann lässt sich Siri auch mit einem Sprachkommando starten. Sagen Sie einfach „Hey Siri!", gefolgt von Ihrer Frage, also etwa: „Hey Siri, wann habe ich den nächsten Termin?"

> **!** **Siri unter Strom:** Die Funktion **Hey Siri** funktioniert bei älteren iPhone-Modellen nur, wenn das iPhone an die Stromversorgung angeschlossen ist. Ab dem iPhone 6s bzw. der Apple Watch entfällt diese Einschränkung und **Hey Siri** arbeitet auch ohne Stromversorgung.

Sobald das iPhone Ihre Stimme und das Codewort „Hey Siri" erkennt, wird Siri aktiviert und hört zu; es empfiehlt sich also, zwischen „Hey Siri" und Ihrer Frage eine kurze Pause zu machen, damit der Anfang Ihrer Frage nicht von der kurzen Umschaltphase verschluckt wird. Um Siri wieder auszuschalten, sagen Sie einfach „Tschüss Siri".

Der Clou bei *Hey Siri*: Das funktioniert auch dann, wenn Ihr iPhone im Standby-Betrieb, also praktisch ausgeschaltet ist.

> **!** **Hey Siri vorübergehend ausschalten:** Bei der Aktivierung von **Hey Siri** sollte Ihnen bewusst sein, dass das Mikrofon Ihres iPhones anschließend permanent aktiv ist und Geräusche aufzeichnet. Das ist natürlich sinnvoll, schließlich kann **Hey Siri** anders gar nicht funktionieren. Aber das ist nicht immer erwünscht, schließlich möchte man ja nicht, dass sich Siri während eines Gesprächs meldet, weil jemand zufällig „Hey Siri" gesagt hat – oder etwas, das Siri dafür hält. In diesem Fall sorgt ein einfacher Trick für Abhilfe: Legen Sie Ihr iPhone mit dem Display nach unten auf den Tisch. Dank der Lagesensoren erkennt das iPhone diese Position – und schaltet **Hey Siri** vorübergehend aus.

Da Sie beim Einsatz von *Hey Siri* Ihr iPhone nicht in der Hand und vielleicht noch nicht einmal im Blickfeld haben, sendet Siri auf jeden Fall einen Signalton, sobald das System aufnahmebereit ist, und antwortet immer mit gesprochener Sprache (andernfalls wäre diese Feature in der Praxis ja eher sinnlos).

Um *Hey Siri* zu aktivieren, rufen Sie *Einstellungen –> Siri“* ❶ auf und tippen dort auf den Schalter *„Hey Siri“ erlauben* ❷.

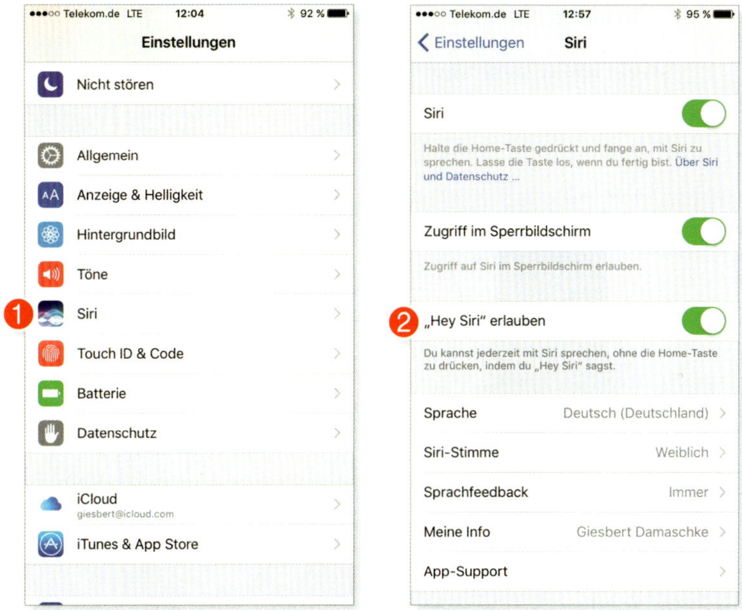

Damit Sie Siri jederzeit nutzen können, ohne Ihr iPhone auch nur in die Hand zu nehmen, können Sie „Hey Siri“ aktivieren.

So weit, so gut. Jetzt stellt sich allerdings die Frage, wie Sie verhindern können, dass nicht jeder, der in Hörweite Ihres iPhones ist, mit „Hey Siri“ Siri aktivieren kann. Schließlich möchten Sie bestimmt nicht, dass Ihnen Ihre Bekannten allerlei dumme Streiche spielen.

Daher wird *Hey Siri* nach dem Einschalten nicht sofort aktiviert, sondern zuerst fordert das iPhone Sie auf, einige Male „Hey Siri“ zu sagen, damit das System Ihre Stimmlage erkennt und auch nur auf Ihre Stimme reagiert. Anschließend gibt es noch ein paar Tests mit gesprochenen Kommandos, und erst dann ist *Hey Siri* aktiv.

Nach der Aktivierung muss *Hey Siri* also zuerst konfiguriert werden. Tippen Sie dazu auf *Jetzt konfigurieren* ❸.

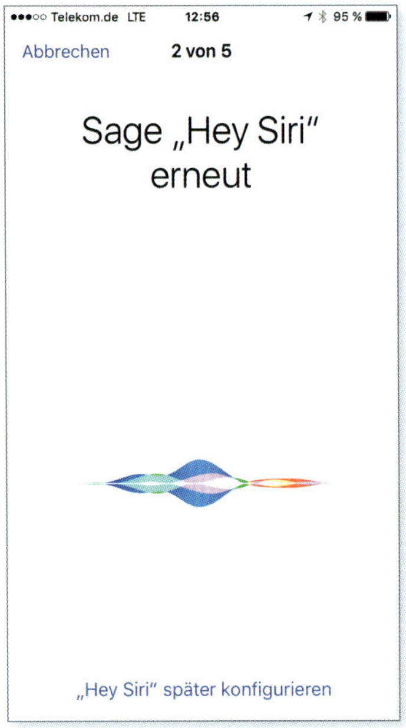

Damit „Hey Siri" auch nur auf Ihre Stimme reagiert, muss das System kurz trainiert werden.

Anschließend fordert Sie Siri auf, mehrmals „Hey Siri" und einige andere Kommandos zu sagen. Sobald das System Ihre Stimme zuverlässig erkennt, ist die Konfiguration von *Hey Siri* abgeschlossen und wird umgehend aktiviert.

Bei der Konfiguration werden Sie auch aufgefordert, einige einfache Sätze und Kommandos zu sagen. Anschließend ist die Funktion einsatzbereit.

Sobald Sie *Hey Siri* wieder ausschalten, wird das Sprachmuster gelöscht. Aktivieren Sie diese Funktion erneut, werden Sie wieder aufgefordert, *Hey Siri* zu konfigurieren.

> **!**
> **Nicht absolut zuverlässig:** Bei der Konfiguration wird zwar Ihr Stimmmuster analysiert und zum Start von **Hey Siri** freigegeben – aber ein hundertprozentiger Schutz vor Missbrauch und Schabernack ist das nicht. Es ist durchaus möglich, dass trotzdem fremde Personen **Hey Siri** aktivieren können. Das funktioniert nicht auf Anhieb, vielleicht auch gar nicht, aber in verschiedenen Tests ist es meinen Bekannten gelegentlich gelungen, **Hey Siri** früher oder später zu starten.

Zugriff vom Sperrbildschirm konfigurieren

Siri funktioniert immer, ganz gleich, ob Sie sich auf dem Home-Bildschirm befinden, eine App gestartet haben oder das iPhone gesperrt ist. Der Zugriff vom Sperrbildschirm aus ist zwar in den meisten Fällen sinnvoll und bequem, stellt aber auch ein kleines Sicherheitsproblem dar. Es ist etwa möglich, Siri zu fragen „Wer bin ich", worauf Siri den Namen des Besitzers und die in den Kontakten hinterlegten Telefonnummern anzeigt. Bei älteren iOS-Versionen kann man sich auch mit „Zeige mir den Weg nach Hause" die Route zur Wohnung des Besitzers anzeigen lassen (diese Anzeige hat Apple ab iOS 9.3 durch die Code-Sperre bzw. Touch ID geschützt).

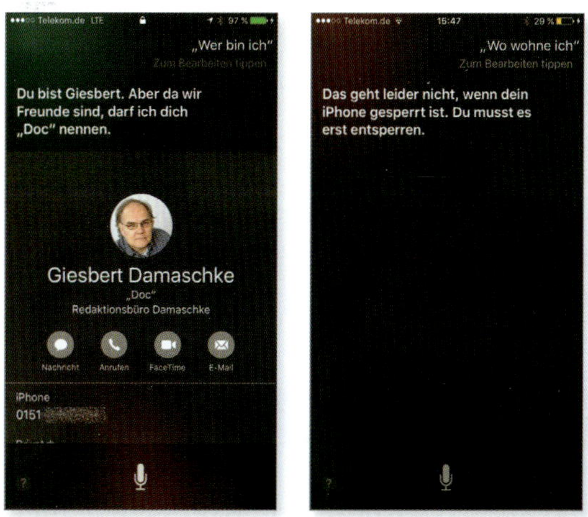

Im Sperrzustand plaudert Siri Ihre Telefonnummer(n) aus, weitergehende Informationen verrät Siri nicht. Allerdings gilt dies nur für iOS ab der Version 9.3 – in früheren iOS-Versionen gibt Siri nicht nur Ihre kompletten Kontaktdaten preis, sondern zeigt einem Dieb auch gleich den Weg zu Ihrer Wohnung.

Wenn Sie nicht möchten, dass Siri vom Sperrbildschirm aus aktiviert werden kann, dann schalten Sie diese Funktion aus. Das ist insofern relativ unproblematisch, da bei neueren Geräten Touch ID so blitzschnell reagiert, dass schon beim Aufruf von Siri das iPhone entsperrt wird und ein Zugriff über den Sperrbildschirm nur noch sehr selten benötigt wird.

Um Siri vom Sperrbildschirm zu verbannen, rufen Sie *Einstellungen –> Siri* ❶ auf. Hier können Sie dann über den Schalter *Zugriff im Sperrzustand* ❷ den Zugriff aus- und natürlich auch wieder einschalten.

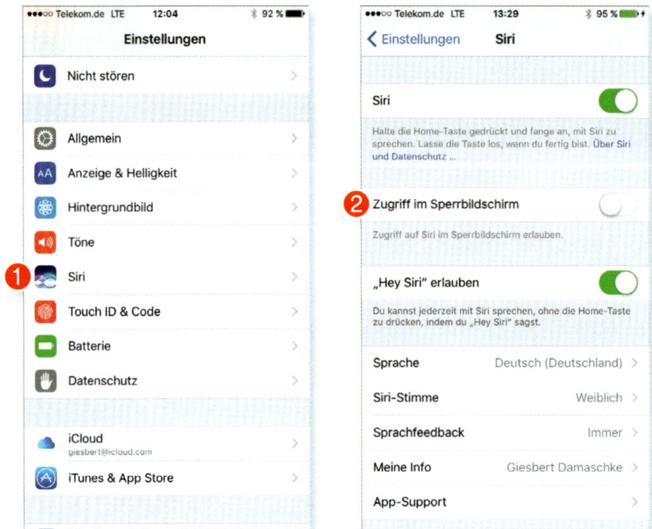

Wenn Sie nicht möchten, dass Siri vom Sperrbildschirm aus zu erreichen ist, dann schalten Sie diese Funktion in den Einstellungen aus.

> **!** **Kein „Hey Siri" mehr:** Wenn Sie den Zugriff auf Siri vom Sperrbildschirm aus ausgeschaltet haben, dann funktioniert auch **Hey Siri** nur noch, wenn das iPhone entsperrt ist. Damit wird diese Funktion allerdings einigermaßen sinnlos, da der Clou von **Hey Siri** ja gerade darin besteht, dass Sie Siri benutzen können, ohne Ihr iPhone erst in die Hand nehmen und entsperren zu müssen.

Siri kindersicher machen

Nicht immer erkennt Siri das gesprochene Wort, und manchmal verwandelt es eine harmlose Formulierung in einen derben Fluch. Das ist oftmals peinlich, und nicht jeder möchte, dass seine Kinder, die zufällig mit dem iPhone spielen, von Siri anstößige Sprache lernen.

Hier bietet iOS drei Möglichkeiten, Siri zu konfigurieren:

- *Inhalte beschränken:* Sie können Siri so konfigurieren, dass es auf anstößige Sprache nicht reagiert.
- *Websuche ausschalten:* Wenn Sie nicht möchten, dass Ihre Kinder (oder wer auch immer) via Siri im Internet suchen kann, lässt sich dies ebenfalls ausschalten.
- *Siri komplett deaktivieren:* Schließlich gibt es auch noch die radikale Möglichkeit, Siri komplett auszuschalten.

Um diese Einstellungen vorzunehmen, rufen Sie zuerst *Einstellungen –> Allgemein* ❶ auf und tippen dort auf *Einschränkungen* ❷. Tippen Sie auf *Einschränkungen aktivieren* ❸. Sie werden nun zum Festlegen eines vierziffrigen Codes aufgefordert, über den die vorgenommenen Einschränkungen geschützt werden. Zum Festlegen des Codes geben Sie ihn zweimal ein. Dieser Code schützt ausschließlich die Einschränkungen, mit dem Code zum Entsperren des iPhones hat er nichts zu tun. Eine Änderung an den Einschränkungen kann anschließend nur über diesen Code vorgenommen werden. Schließlich wären Einschränkungen witzlos, die jeder problemlos in den Einstellungen wieder aufheben kann.

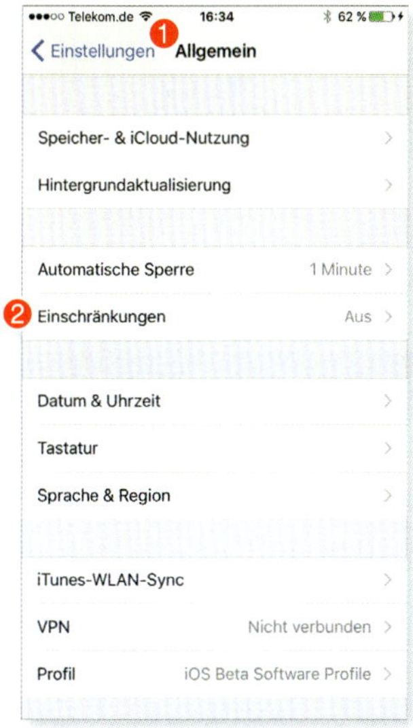

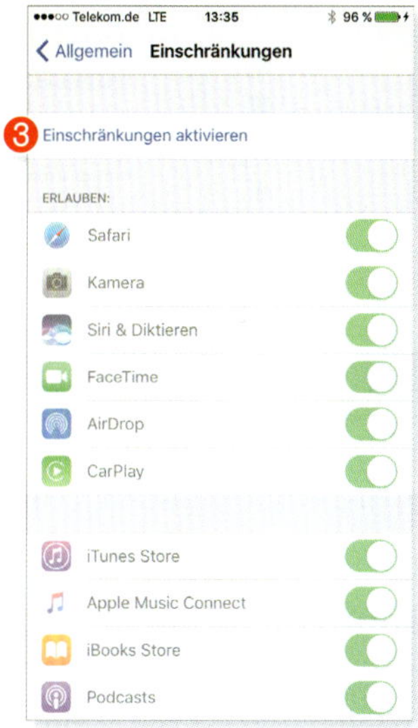

In den „Einschränkungen" können Sie die Fähigkeiten von Siri begrenzen.

> !
>
> **Code merken!** Merken Sie sich den festgelegten Code gut – die Einschränkungen lassen sich nur noch deaktivieren, wenn Sie den Code kennen. Es wäre ja eher unschön, wenn Sie einmal testweise ein paar Einschränkungen definieren und diese Einstellungen anschließend nicht mehr rückgängig machen können, weil Sie den Code vergessen haben.

Sobald Sie die Einschränkungen aktiviert haben, können Sie festlegen, wie Siri reagieren soll – und ob es das überhaupt tun soll.

Möchten Sie Siri komplett ausschalten, tippen Sie auf den entsprechenden Schalter *Siri & Diktieren* ❹. Möchten Sie nicht so radikal vorgehen, sondern nur die Fähigkeiten von Siri ein wenig beschränken, dann scrollen Sie ein wenig herunter, bis Sie den Abschnitt *Zulässiger Inhalt* ❺ sehen. Hier tippen Sie auf *Siri* ❻ und können nun festlegen, ob Sie Siri *Anstößige Sprache* ❼, die *Websuche (Inhalte)* ❽ oder beides verbieten möchten.

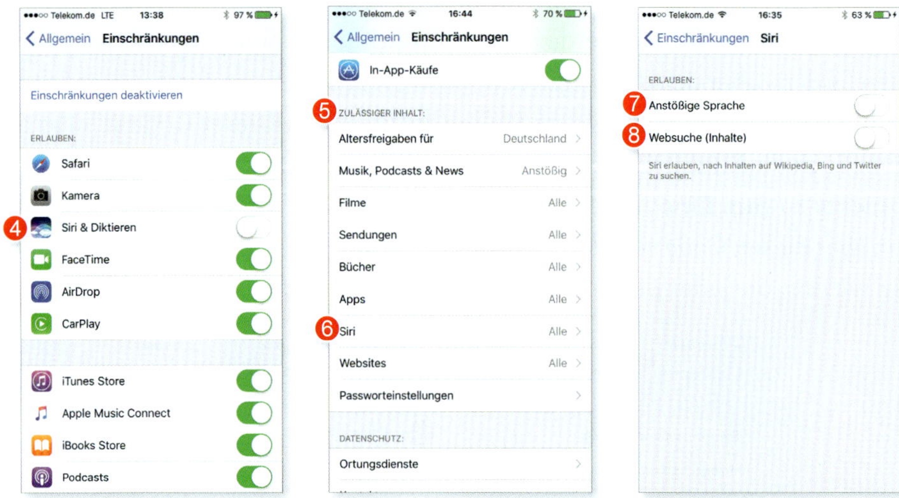

Sie können Siri komplett ausschalten oder nur für bestimmte Inhalte sperren.

„Siri, ich bin dein Vater …“: Die Sprachsteuerung

Wenn Sie Siri deaktiviert haben, müssen Sie trotzdem nicht auf eine Steuerung des iPhones durch Sprachkommandos verzichten. Denn in diesem Fall wird die Sprachsteuerung aktiv. Die gehörte seit dem ersten iPhone zum Grundbestand von iOS, geriet mit der Einführung von Siri allerdings in Vergessenheit.

Die Sprachsteuerung ist bei weitem nicht so mächtig und hilfreich wie Siri, versteht Sie mitunter auch beharrlich falsch – aber einige Grundfunktionen funktionieren auch damit. So können Sie etwa mit „Ruf Giesbert Damaschke an“ ein Telefonat beginnen.

Die Sprachsteuerung aktivieren Sie genauso wie Siri – nämlich durch einen längeren Druck auf die Home-Taste bzw. auf den Schalter im Headset. (Mehr dazu im Abschnitt „Siri mit dem Headset steuern“ weiter unten.)

Wenn Siri nicht aktiv ist, steht immer noch die Sprachsteuerung zur Verfügung, mit der Sie zum Beispiel ein Telefonat starten können.

Siri im Einsatz

Nach den Vorbereitungen und Einstellungen sollten Sie Siri einfach mal mit ein paar Fragen ausprobieren.

Siri starten und beenden

Siri rufen Sie mit einem etwas längeren Druck auf die Home-Taste auf. Das funktioniert immer, ganz gleich, ob Sie eine App gestartet haben, sich auf dem Home-Bildschirm befinden oder sich das iPhone im Standby-Modus befindet (es sei denn, Sie haben den Zugriff auf Siri vom Sperrbildschirm aus ausgeschaltet).

Siri signalisiert die Einsatzbereitschaft mit einem Signalton und auf dem Bildschirm erscheint der Text „Wie kann ich behilflich sein?“. Am unteren Bildschirmrand sehen Sie eine bunte Linie ❶, die bei der Spracheingabe pulsiert.

Anschließend können Sie Ihre Frage stellen. Falls Sie nichts sagen, ermuntert Siri Sie mit einem „Alles klar, ich höre zu“. Auch hier sehen Sie am Bildschirmrand die bunte Linie ❷, die signalisiert, dass Siri auf Spracheingaben reagiert.

Schweigen Sie immer noch, erscheint „Einige Beispiele für Fragen“ und Siri zeigt eine ganze Reihe an Beispielen an. Nun hört Siri nicht mehr zu und die bunte Linie wird durch ein Mikrofon ❸ ersetzt. Möchten Sie nun eine Frage an Siri stellen, müssen Sie zuerst auf dieses Mikrofon tippen.

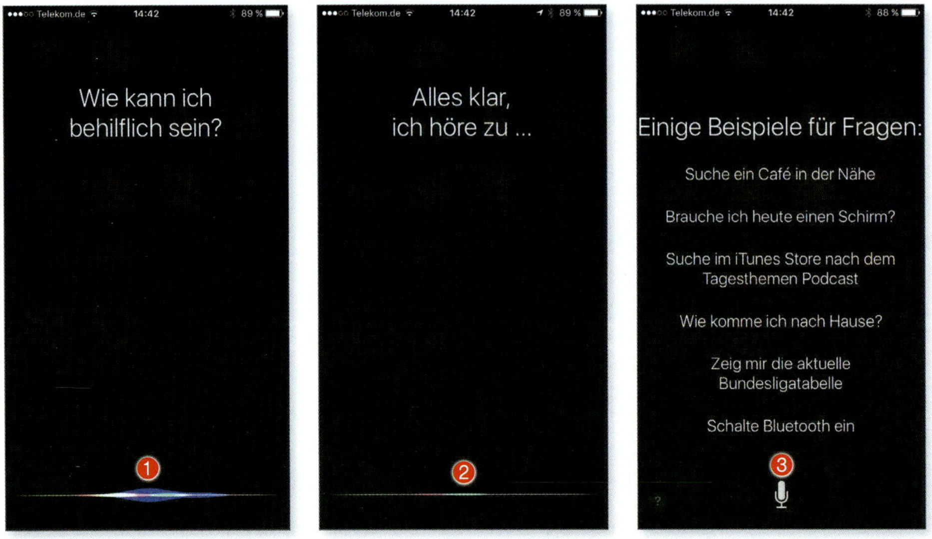

Wenn Sie Siri starten, aber nichts sagen, ermuntert Sie Siri zuerst und zeigt Ihnen schließlich eine ganze Reihe von möglichen Fragen. Die Liste der Fragen wird dabei in kurzen Abständen immer wieder aktualisiert, um die vielfältigen Möglichkeiten von Siri vorzuführen.

Möchten Sie Siri wieder verlassen, tippen Sie auf die Home-Taste. Sie landen wieder an der Stelle, an der Sie Siri aufgerufen haben.

Siri mit dem Headset steuern

Siri lässt sich nicht nur über einen Druck auf die Home-Taste oder über „Hey Siri“ starten, sondern auch über das Headset, das zum Lieferumfang des iPhones gehört. Das ist dann besonders praktisch, wenn Sie Ihr iPhone in der Jackentasche haben, Musik über das Headset hören und Sie jemanden anrufen oder nur wissen möchten, wie spät es ist. Dazu müssen Sie Ihr iPhone dann nicht aus der Jackentasche ziehen, sondern können es dank Siri in der Tasche lassen.

Drücken Sie zum Start von Siri den mittleren Schalter am Headset für ein, zwei Sekunden. Siri meldet sich mit dem Signalton und wartet nun auf Ihre Eingabe. Sagen Sie etwa „Ruf meinen Bruder an“, wählt Siri die gewünschte Nummer und Sie können telefonieren. Um das Telefonat zu beenden, drücken Sie einmal den Schalter im Headset und kehren so zur Musik-App zurück, die an der Stelle weitermacht, an der Sie sie vorübergehend verlassen haben.

Wenn Sie Siri nur eine einfache Frage stellen – etwa „Wie spät ist es" oder „Wann habe ich morgen einen Termin" –, beantwortet Siri die Frage und bleibt weiterhin aktiv. Durch einen erneuten längeren Druck auf die Taste im Headset können Sie weitere Fragen stellen. Mit einem einfachen kurzen Druck auf die Taste verlassen Sie Siri und kehren zur Musikwiedergabe zurück.

Hilfe

Wenn Ihnen die Beispiele, die Siri zeigt, etwas zu schnell über den Bildschirm huschen, gibt es einen einfachen Trick, um Siri anzuweisen, alle Möglichkeiten zu zeigen: Sagen Sie einfach „Was kannst du" oder kurz und knapp: „Hilfe".

Siri zeigt Ihnen daraufhin eine lange Liste möglicher Einsatzgebiete. Die Liste ist nach Apps (Karten, Fotos, Mail, Musik ...) gruppiert, hier finden sich aber auch allgemeine Themen wie „Restaurants" oder „Fragen & Antworten".

Tippen Sie einen Eintrag an, zeigt Siri Ihnen eine Reihe von Beispielen zu diesem Eintrag, bei „Kalender" also etwa „Erstelle einen Termin um 14 Uhr" oder „Was steht am Freitag im Kalender".

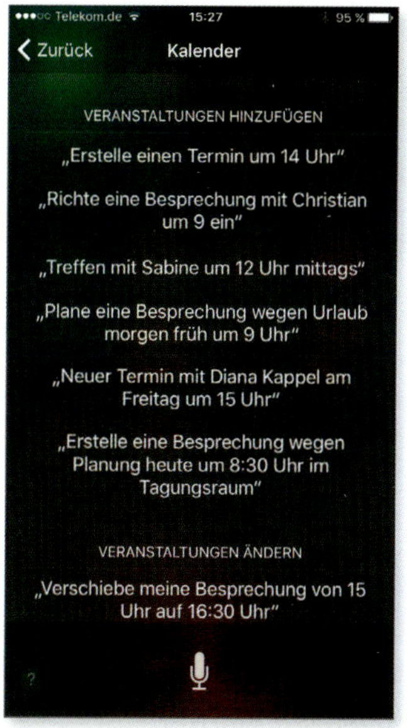

Die Liste der Beispiele ist zwar beeindruckend umfangreich, aber dennoch bei weitem nicht vollständig – Siri kann noch sehr viel mehr, als es Ihnen verrät.

Ein erster Test

Probieren Sie zu Beginn einige einfache Fragen aus, um ein Gefühl für das System zu bekommen, also zum Beispiel „Wie wird das Wetter", „Wo bin ich" oder „Habe ich heute einen Termin". Siri reagiert prompt und gibt die gewünschten Antworten.

Falls eine Frage mit einer einfachen Information beantwortet werden kann, erscheint am unteren Rand des Bildschirms ein Mikrofon ❶. Möchten Sie weitere Fragen stellen oder Anweisungen geben, tippen Sie dazu auf das Mikrofon, woraufhin wieder die bunte Linie erscheint.

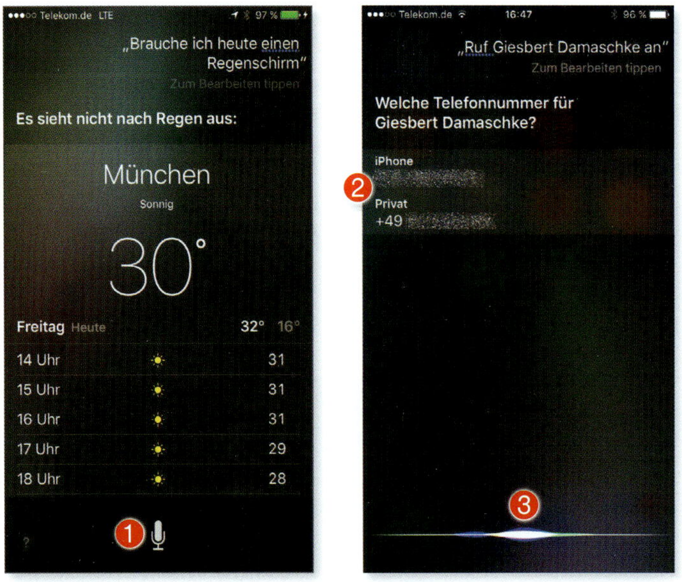

Wenn sich eine Frage kurz und einfach beantworten lässt, erscheint am unteren Bildschirmrand ein Mikrofon. Mit einem Tipp darauf können Sie Siri weitere Fragen stellen. Falls eine Anweisung mehrere mögliche Reaktionen erlaubt, nennt Ihnen Siri die Alternativen und erwartet weitere Informationen.

Bei manchen Fragen oder Anweisungen erwartet Siri weitere Angaben. Sagen Sie Siri zum Beispiel „Ruf meine Frau an" und haben zwei oder mehr Telefonnummern in den Kontakten hinterlegt, fragt Siri zuerst nach, welche Nummer angerufen werden soll, etwa „Privat" und „iPhone" ❷. Am unteren Bildschirmrand signalisiert die bunte Linie ❸, dass Siri weiterhin aktiv ist und auf eine Spracheingabe wartet. Sagen Sie nun „Privat" (bzw. „iPhone"), wird die gewünschte Nummer angerufen. Alternativ dazu können Sie den gewünschten Eintrag auch antippen. Haben Sie es sich anders überlegt, können Sie mit der

Anweisung „Abbrechen" das Kommando stoppen. Falls Sie bereits eine Telefonnummer genannt haben, brechen Sie den Anruf ab, indem Sie Siri mit einem Druck auf die Home-Taste verlassen.

> **!** Wenn Sie das Siri-Kommando „Hinweis" verwenden, dann werden Ihnen sämtliche Mitteilungen des Sperrbildschirms bzw. der Mitteilungszentrale vorgelesen.

Frühere Eingaben anzeigen

Während der Eingabe bzw. der Analyse Ihrer Frage erscheint Ihre Frage als Text auf dem Bildschirm. Sobald Siri antwortet, rutscht Ihre Frage nach oben aus dem sichtbaren Bereich hinaus, damit Siri möglichst viel Platz auf dem Bildschirm für die Antwort hat.

Möchten Sie noch einmal kontrollieren, wie Ihre Frage gelautet hat, können Sie mit einer Wischgeste von oben nach unten den herausgeschobenen Teil des Bildschirminhalts wieder hervorholen.

So können Sie sich auch frühere Eingaben anzeigen lassen, und Sie können jederzeit mit einer Wischgeste durch alle bisherigen Fragen und Antworten scrollen. Diese Liste wird allerdings gelöscht, sobald Sie Siri verlassen.

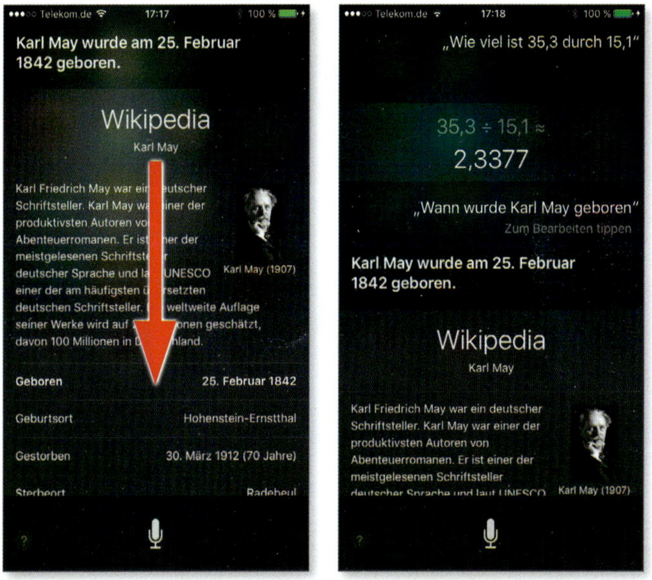

Mit einer vertikalen Wischgeste scrollen Sie durch die Fragen und Antworten der aktuellen Siri-Sitzung.

Eingaben korrigieren

Nicht immer versteht Siri das, was Sie gesagt haben. In diesem Fall versucht das System das gesagte Wort zu erraten. Das entsprechende Wort wird am Bildschirm durch eine gepunktete blaue Linie markiert. Manchmal versteht Siri auch partout nicht, was Sie gesagt haben.

> **!** **Individuelle Fehler:** Siri verhört sich individuell. Es kann also durchaus sein, dass Siri bei Ihnen „Aubergine" korrekt erkennt, wo das System bei mir beharrlich „Oberschiene" versteht.

Falls Siri Sie nicht korrekt verstanden hat, können Sie die Frage wiederholen (was manchmal hilft, meist aber nur zur Wiederholung des Fehlers führt), oder Sie korrigieren die Eingabe und helfen Siri so auf die Sprünge.

Ist die Frage nicht zu sehen, wischen Sie zuerst auf dem Bildschirm nach unten, um die falsch verstandene Frage zurückzuholen. Nun tippen Sie die Frage an und können das Missverständnis korrigieren, indem Sie die richtige Frage über die Tastatur eingeben. Mit einem Tipp auf *Fertig* analysiert Siri die Frage erneut.

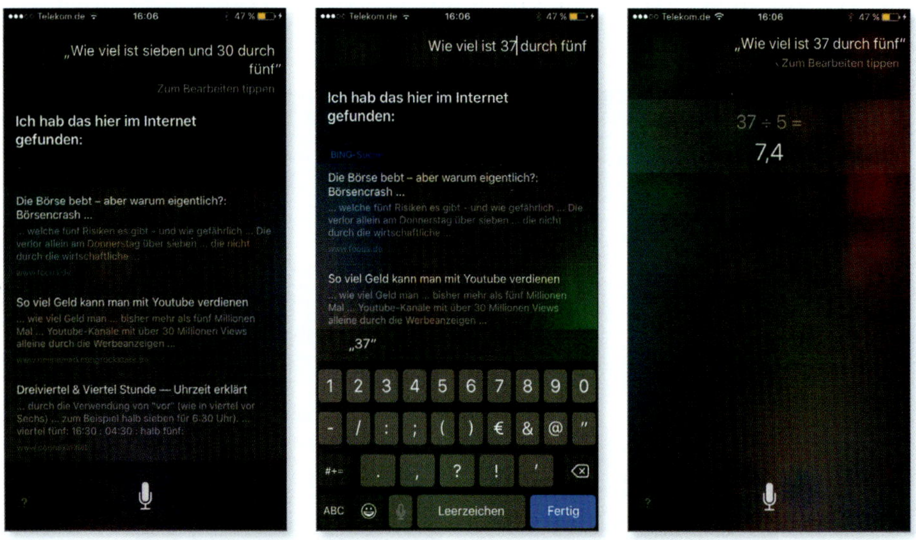

Nicht immer versteht Siri was Sie gesagt haben. In diesem Beispiel weigerte sich Siri beharrlich, das Wort „siebenunddreißig" korrekt als Zahl „37" zu erkennen. In diesem Fall startet Siri eine Websuche. Um die Berechnung durchzuführen, müssen Sie Siri auf die Sprünge helfen, indem Sie die Frage bearbeiten und den korrekten Text eintippen.

Durch die Korrektur einer falsch verstandenen Frage lernt Siri übrigens dazu. Nicht immer, aber doch recht häufig. Wenn Siri also aus „37“ den Text „sieben und 30“ macht und Sie diese Interpretation Ihrer Frage korrigieren, stehen die Chancen gut, dass Siri Sie in Zukunft etwas besser versteht.

Die „Siri-Vorschläge“

Siri spielt auch da eine Rolle, wo es überhaupt nicht um Spracheingaben geht, nämlich bei den „Siri-Vorschlägen“ von Spotlight. Spotlight ist die Suchfunktion von iOS, die seit iOS 9 auch auf die Daten zurückgreifen kann, die von Siri gesammelt werden.

Zu diesen Daten gehören auch die von Ihnen häufig oder kürzlich benutzten Apps, wobei auch die Tageszeit berücksichtigt wird, zu der Sie sie bevorzugt starten.

Aus diesen Informationen wird ein Nutzungsprofil erstellt, anhand dessen Spotlight Ihnen schnellen Zugriff auf das bieten kann, was Sie vermutlich jetzt gerade mit Ihrem iPhone oder iPad erledigen möchten. Das zumindest ist die Idee hinter der Funktion – ob sie in der Praxis wirklich nützlich ist, hängt sehr stark von der individuellen Nutzung eines Geräts ab. Bei mir ist sie zum Beispiel nur selten wirklich hilfreich – aber das kann bei Ihnen völlig anders sein. Am besten probieren Sie es einfach mal eine Zeitlang aus.

Die Siri-App-Vorschläge erreichen Sie am schnellsten über die Spotlight-Suche. Wischen Sie dazu auf dem Home-Bildschirm ungefähr vom oberen Drittel aus nach unten. Die Vorschläge lassen sich auch als Widget nutzen. Dazu rufen Sie die Widget-Seite auf, tippen auf *Bearbeiten* und anschließend auf *Siri-App-Vorschläge*. Die Widgets erreichen Sie, indem Sie vom oberen Bildschirmrand nach unten wischen und anschließend nach rechts. Wenn Sie auf der ersten Seite Ihres Home-Bildschirm sind, genügt ein einfacher Wischer nach rechts.

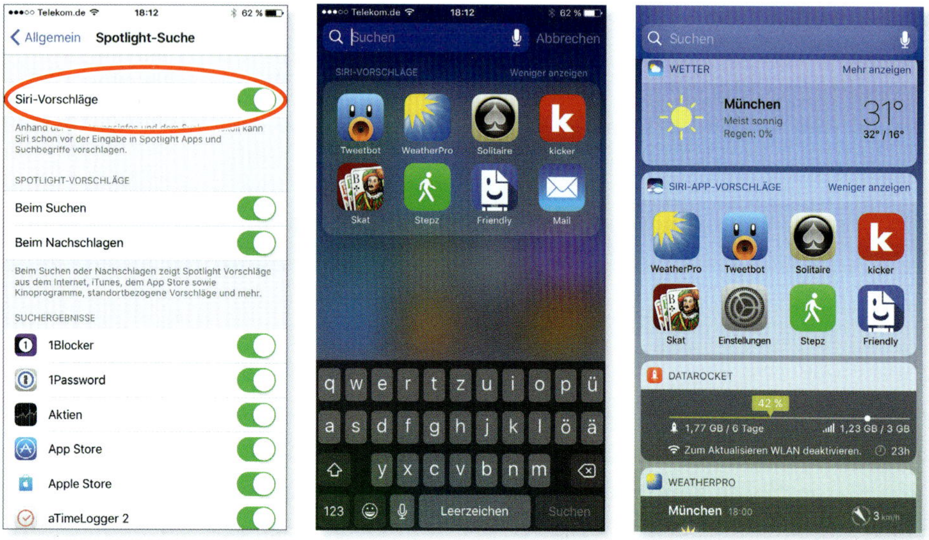

Die „Siri-App-Vorschläge" lassen sich in den Einstellungen ein- bzw. ausschalten. Sie stehen sowohl in der Spotlight-Suche, als auch als Widget zur Verfügung.

Die Siri-Vorschläge sind von Haus aus standardmäßig aktiviert. Möchten Sie nicht, dass Ihr iOS-Gerät diese Informationen über Ihre Nutzung des Geräts sammelt, können Sie die Siri-Vorschläge auch ausschalten. Dazu rufen Sie *Einstellungen –> Allgemein* auf und wählen hier *Spotlight-Suche*. Hier sehen Sie den Schalter *Siri-Vorschläge*, über den sich diese Funktion aus- und auch wieder einschalten lässt.

> **!** **Datensicherheit:** Die Daten, die für die Siri-Vorschläge gesammelt werden, bleiben lokal auf Ihrem iPhone oder iPad gespeichert und werden nicht via Internet Ihrem Siri-Profil bei Apple hinzugefügt.

Siri personalisieren

Je besser Sie Siri kennt, je mehr Siri von Ihnen weiß, desto hilfreicher ist der Sprachassistent und desto schneller kommen Sie mit Siri zum Ziel. Wenn Sie Siri etwa anweisen, Ihnen die Route ins Büro zu zeigen, muss Siri natürlich wissen, was Sie damit meinen. Ähnlich ist es bei der Anweisung „Schreibe eine Nachricht an meinen Bruder, ich komme etwas später“ – auch hier kann Siri nur korrekt reagieren, wenn die Beziehung zwischen Ihnen und Ihrem Bruder so hinterlegt ist, dass Siri darauf zugreifen kann.

„Ich heiße Erwin Lindemann …“

Die wichtigste Information für Siri ist natürlich die über Ihre Person – ansonsten weiß Siri ja nicht, wen Sie meinen, wenn Sie „ich“ sagen. Dabei greift Siri auf den Datensatz in Ihren Kontakten zu, den Sie unter *Einstellungen –> Siri* ❶ und dort *Meine Info* ❷ angegeben haben. Standardmäßig ist hier bereits die korrekte Visitenkarte hinterlegt, aber es kann nicht schaden, diese Einstellung einmal zu überprüfen.

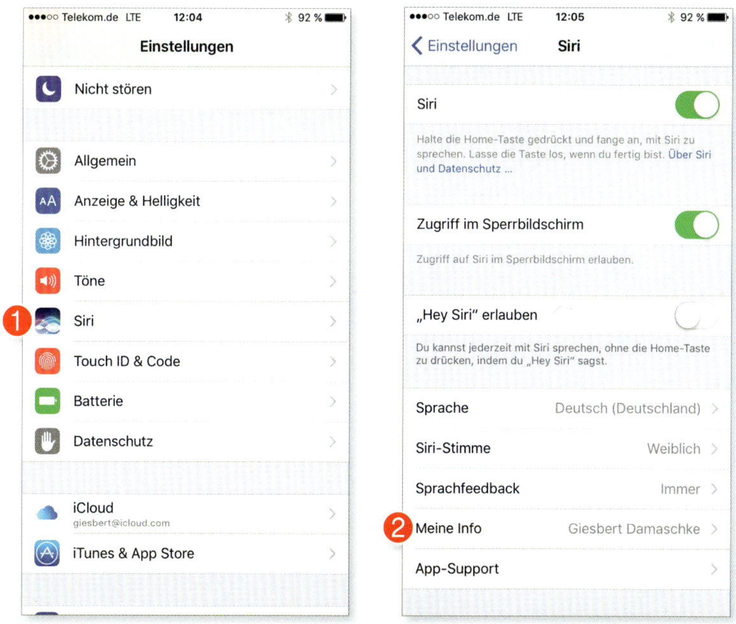

Von Haus aus weiß Siri üblicherweise, wer Sie sind – aber es kann nicht schaden, den Eintrag zu überprüfen.

Alle Daten, die hier verzeichnet sind, kann Siri auswerten. Sind Sie zum Beispiel unterwegs und wollen daheim anrufen, sagen Sie einfach „Ruf mich an“ oder „Ruf zu Hause an“ und Siri stellt die gewünschte Telefonverbindung her.

Beziehungen zu anderen Personen

Wenn Sie in den Kontakten Beziehungen zu anderen Einträgen in Ihren Kontakten hinterlegt haben, kann Siri die Informationen ebenfalls benutzen. So ist es möglich, dass Siri auf die Anweisung „Ruf meinen Bruder an“ korrekt reagiert.

Damit diese Beziehungen funktionieren, müssen Sie natürlich die Daten Ihrer Verwandten und Freunde in den Kontakten eingetragen haben. Anschließend haben Sie zwei Möglichkeiten, um eine Beziehung herzustellen:

- *Kontakte-App:* Rufen Sie die Kontakte-App auf und wählen Sie Ihren eigenen Eintrag. Damit Sie nicht erst lang suchen müssen, steht Ihr Eintrag gleich zu Beginn der Kontakteliste. Hier tippen Sie auf *Bearbeiten* ❶ und scrollen so lange nach unten, bis Sie den Link *Zugehörigen Namen hinzufügen* ❷ sehen. Diesen Link tippen Sie an. Nun wird ein neuer Eintrag angelegt. Mit einem Tipp auf das Label ❸ wählen Sie die Beziehung, zu der die Person zu Ihnen steht – also etwa *Mutter*, *Kind*, *Freund*, *Partner* und so weiter –, über das *i* ❹ wählen Sie den entsprechenden Eintrag aus den Kontakten.

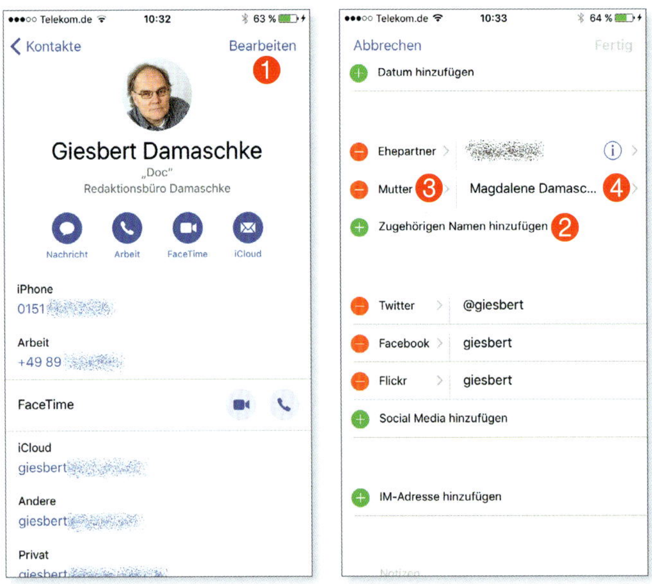

Damit Siri eine Anweisung wie „Ruf meine Mutter an“ korrekt versteht, muss die Beziehung in den Kontakten eingetragen sein.

- *Siri:* Der Weg über die Kontakte-App funktioniert, aber es geht auch einfacher – Sie brauchen Siri nur zu sagen, welche Person zu Ihnen in welcher Beziehung steht. Siri fügt daraufhin den entsprechenden Eintrag in Ihrem Kontakt ein. Sagen Sie also zum Beispiel „Rita Redlich ist meine Frau“, fragt Siri zuerst nach, ob „Rita Redlich“ als Ihr Ehepartner eingetragen werden soll. Bejahen Sie diese Frage, wird Ihre Visitenkarte in den Kontakten um den entsprechenden Eintrag ergänzt. Übrigens: Auch wenn der offizielle Eintrag „Ehepartner“ lautet, funktioniert „Ruf meine Frau an“ problemlos.

Sie können die Beziehungen zu anderen Personen auch einfach von Siri eintragen lassen.

- *Während eines Kommandos:* Schließlich ist es auch möglich, die Beziehung während eines Kommandos im Dialog festzulegen. Sagen Sie etwa „Ruf meinen Bruder an“ und ist diese Beziehung noch nicht in den Kontakten eingetragen, fragt Siri nach, wer Ihr Bruder ist. Nun nennen Sie den gewünschten Namen und Siri bietet Ihnen an, sich diese Beziehung für die Zukunft zu merken.

So einfach, wie Sie Beziehungen hinzufügen können, lassen sie sich auch wieder löschen. In diesem Fall sagen Sie zum Beispiel: „Fridolin Fröhlich ist nicht mein Bruder“. Auch hier fragt Siri sicherheitshalber noch einmal nach. Wenn Sie diese Nachfrage bejahen, wird die Beziehung entfernt.

„Nennt mich Ishmael“

Wenn Siri Sie anspricht, benutzt das System dafür üblicherweise Ihren Vornamen, wie er in den Kontakten eingetragen ist. Das muss aber nicht sein, Sie können Siri auch anweisen, Sie anders zu nennen. So können Sie sich von Siri zum Beispiel mit Ihrem Spitznamen oder auch einem Phantasienamen anreden lassen, etwas „Meister“.

Damit Siri das mitbekommt, müssen Sie Siri zum Beispiel nur sagen „Nenne mich ab jetzt Meister“. Siri fragt sicherheitshalber nach und merkt sich anschließend den gewünschten Namen. Das funktioniert übrigens auch mit „Mein Spitzname ist Meister“ – denn genau das macht Siri anschließend: Es fügt Ihrem Eintrag in den Kontakten einen Spitznamen hinzu.

Sie können sich von Siri auch mit Ihrem Spitznamen anreden lassen.

Nun kann es allerdings passieren, dass einem ein paar Tage später ein lustiger Einfall vielleicht nicht mehr ganz so lustig vorkommt und man die Änderung rückgängig machen möchte. Auch das ist kein Problem, Siri trägt den gewünschten Namen ja einfach als Spitzname in Ihre Visitenkarte in den Kontakten ein. Dort lässt er sich auf zwei Arten löschen:

- *Siri:* Sagen Sie Siri „Nenne mich ...“, gefolgt von Ihrem Vornamen. Siri ändert daraufhin den *Spitzname*-Eintrag in Ihren Vornamen.
- *Kontakte-App:* Möchten Sie den Spitznamen komplett löschen, rufen Sie Ihre Visitenkarte in der Kontakte-App auf und tippen auf *Bearbeiten*. Anschließend tippen Sie auf den von Siri eingetragenen Spitznamen. Der Name kann nun geändert oder durch einen Tipp auf das graue *x* komplett gelöscht werden.

!

Spitzname in anderen Apps: Sobald Sie sich für Siri einen Spitznamen wie etwa „Meister“ zugelegt haben, kann es passieren, dass auch andere Apps wie Nachrichten, Mail oder Telefon auf diesen Namen zugreifen. Dann tauchen etwa in Ihrem Postfach „Gesendet “ Ihre Mails mit dem Absender „Meister“ auf. Wenn Sie das nicht möchten, schalten Sie die Anzeige von Spitznamen aus. Dazu rufen Sie **Einstellungen –> Mail, Kontakte, Kalender** auf. Im Abschnitt **Kontakte** tippen Sie auf **Kurzname** und deaktivieren dort den Schalter **Spitznamen bevorzugen**.

Spitznamen von Freunden und Bekannten

Was mit Ihrem Namen funktioniert, funktioniert auch mit den Namen Ihrer Freunde und Bekannten. Siri kommt problemlos mit Spitznamen klar, die Sie in den Kontakten hinterlegt haben. Wenn Ihr Freund „Manfred Mustermann“ etwa den Spitznamen „Manni“ hat, genügt ein „Ruf Manni an“, um Manfred Mustermann anzurufen. Nun scheinen Spitznamen in der Kontakte-App aber gar nicht vorgesehen zu sein, ein entsprechendes Feld fehlt. Doch keine Sorge, das geht trotzdem. Nämlich so:

1. Rufen Sie die *Kontakte*-App auf und wählen Sie den Eintrag, zu dem Sie einen Spitznamen vergeben möchten, also zum Beispiel „Max Mustermann".
2. Tippen Sie oben rechts auf *Bearbeiten*.
3. Scrollen Sie ganz nach unten.
4. Hier sehen Sie nun den Link *Feld hinzufügen* ❶.
5. Tippen Sie den Link an und wählen Sie aus der Liste möglicher, zusätzlicher Felder den Eintrag *Spitzname* ❷.
6. Nun erscheint am Kopf der Visitenkarte unterhalb des Namens das Feld *Spitzname*, in dem Sie den gewünschten Namen eintragen.
7. Speichern Sie die Änderung mit einem Tipp auf *Fertig*.

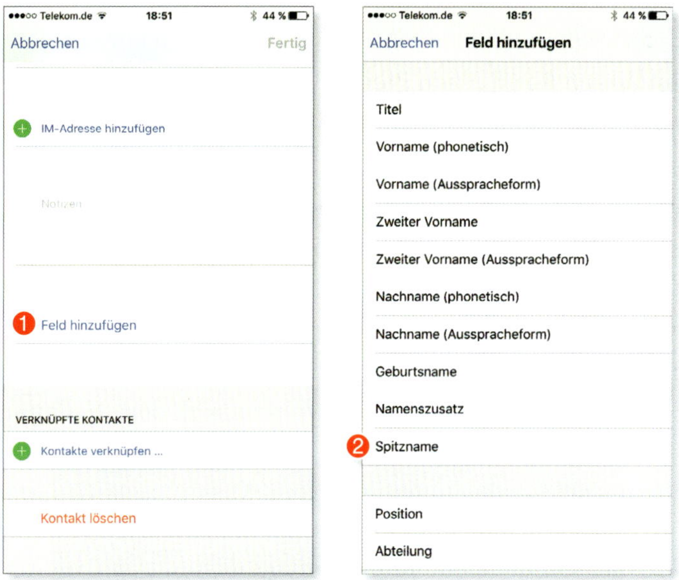

Damit Siri Ihre Kontakte an ihren Spitznamen erkennt, müssen Sie diese in den jeweiligen Einträgen der „Kontakte"-App eintragen.

> **!**
>
> **Für Siri gesperrt:** Anders als bei der Bearbeitung Ihres eigenen Eintrags kann Siri die Kontaktdaten fremder Einträge nicht bearbeiten. Sagen Sie „Der Spitzname von Max Mustermann ist Manni", dann versteht Siri zwar, was Sie machen möchten, kann Ihnen aber nicht helfen, da Siri die Einträge in den Kontakten zwar lesen, aber nicht verändern kann. Es kann aber sein, dass Apple diese Funktion in einer späteren Version von iOS einfügt. In diesem Fall werden Sie Siri wohl unter **Einstellungen –> Datenschutz** Zugriff auf die Kontakte erlauben können.

Aussprache lernen

Bei der Aussprache von Eigennamen kommt Siri mitunter ins Schleudern und spricht sie falsch aus. Auch das lässt sich ändern – vorausgesetzt, der Name ist in den Kontakten eingetragen. Dadurch wird ein Name nicht nur richtig ausgesprochen, sondern auch besser erkannt. Versprechen Sie sich aber nicht allzu viel von dieser Möglichkeit – es kann helfen, Siri die Aussprache beizubringen, aber eine wirklich zuverlässige Methode, Missverständnisse zu vermeiden, bietet das Verfahren leider nicht.

Soll Siri etwa lernen, wie man „Dylan Thomas" ausspricht, dann geht das so:

1. Starten Sie Siri und sagen Sie „Lerne den Namen Dylan Thomas auszusprechen" ❶.
2. Siri fordert Sie nun zuerst auf, den Vornamen „Dylan" auszusprechen, damit das System die Aussprache lernen kann ❷.
3. Anschließend werden zwei Ausspracheoptionen gezeigt. Jede Option hat am linken Rand einen Pfeil ❸ und rechts die Taste *Auswählen* ❹.
4. Tippen Sie auf den Pfeil, wird die jeweilige Variante ausgesprochen. Dabei kann es durchaus passieren, dass Sie keinen akustischen Unterschied zwischen den Varianten erkennen können.
5. Mit einem Tipp auf *Auswählen* ❹ bei der korrekten Variante übernimmt Siri die Aussprache.
6. Wenn keine der Optionen passt, tippen Sie auf *Sag es nochmal* ❺ und wiederholen den Vorgang.
7. Anschließend wiederholt Siri den Vorgang mit dem Nachnamen.

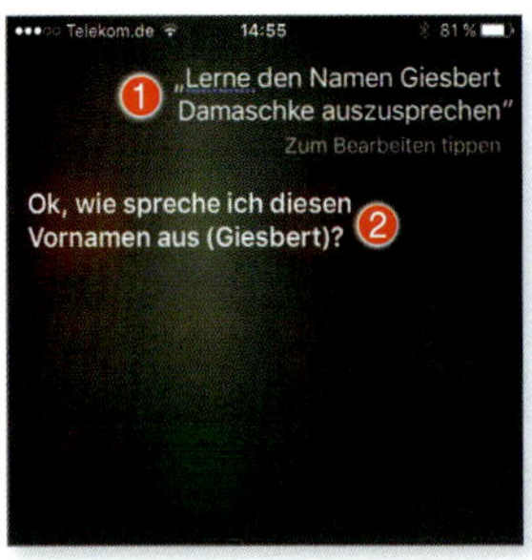

!

Siri lernt es einfach nicht: Das Erlernen der korrekten Aussprache stellt Siri gelegentlich vor größere Probleme, und auch nach einem wiederholten Versuch präsentiert Siri Ihnen nur falsche Optionen. Sie müssen sich dann damit abfinden, dass Siri es einfach nicht lernt. Da Apple Siri aber kontinuierlich erweitert und verbessert, kann es durchaus sein, dass Sie ein paar Wochen oder Monate später mehr Glück haben.

Kapitel 2 Siri zum Diktat!

Die Diktierfunktion von iPhone und iPad

Strenggenommen hat die Diktierfunktion von iOS kaum etwas mit Siri zu tun. Aber beide Funktionen arbeiten nach dem gleichen Verfahren und die Diktierfunktion nutzt einen Teil der Daten, die von Siri gesammelt werden. Je besser Siri Sie versteht, desto besser arbeitet die Diktierfunktion – und je besser diese Ihre Diktate verarbeiten kann, desto präziser arbeitet Siri.

Die Diktierfunktion ein- und ausschalten

Damit Sie auf dem iPhone oder iPad Texte diktieren können, muss diese Funktion explizit eingeschaltet sein. Das ist meist der Fall, es kann aber nicht schaden, einmal in den Einstellungen nachzusehen.

1. Rufen Sie *Einstellungen –> Allgemein* ❶ auf.
2. Wählen Sie hier *Tastatur* ❷.
3. Am Fuß der Seite sehen Sie den Schalter *Diktierfunktion aktivieren* ❸.

Hier können Sie die Diktierfunktion nun ein- bzw. auch wieder ausschalten.

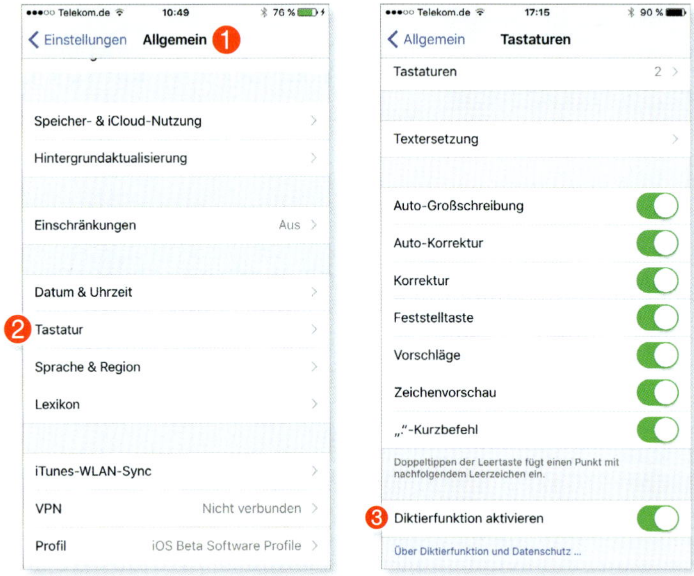

Damit Sie auf dem iPhone oder iPad Texte diktieren können, muss die Diktierfunktion aktiviert sein.

> **!** **Getrennt einstellbar:** Siri und die Diktierfunktion hängen technisch zwar zusammen, werden aber auf iPhone oder iPad getrennt gesteuert. Es ist also möglich, Siri nicht zu aktivieren und trotzdem die Diktierfunktion zu benutzen.

Internet (noch) notwendig

Im Prinzip funktioniert die Diktierfunktion so wie Siri: Sie sprechen Ihren Text, der Text wird als Sprachdatei an die Server von Apple geschickt, dort wird die gesprochene Sprache in Text umgewandelt und anschließend an das iPhone zurückgeschickt.

Doch Änderung ist in Sicht – vorausgesetzt, Sie besitzen ein neues Gerät ab iPhone 6s mit entsprechendem Speicherausbau (16 GB reichen nicht). Denn dann sind die Geräte leistungsfähig genug, um die Umwandlung von gesprochener Sprache in Text selbst zu übernehmen, ganz ohne Hilfe der Apple-Server und ohne Internetverbindung.

Diese Offline-Funktionalität der Diktierfunktion ist bislang nur auf manchen Geräten mit der Spracheinstellung „English (U.S.)" verfügbar, doch das wird sich wohl mit einer der nächsten iOS-Versionen ändern.

Bis es so weit ist, gilt allerdings: Für die Diktierfunktion muss das iPhone, ganz genauso wie bei Siri, online sein, also mit dem Internet verbunden sein.

Diktierfunktion starten

Sobald Sie die Diktierfunktion eingeschaltet haben, erscheint überall da, wo Sie Text über die Tastatur eingeben können, in der Tastatur neben der Leertaste ein Mikrofon ❶. Tippen Sie dieses Mikrofon an, startet die Diktierfunktion. Sie können nun mit Ihrem Diktat beginnen. Sprechen Sie dabei ganz normal und ruhig.

Solange die Diktierfunktion aktiv ist, erscheint statt der Tastatur eine Frequenzkurve ❷, deren Pegel mit der Lautstärke des gesprochenen Texts korreliert. Während des Diktats sollten Sie die Anzeige auf dem Bildschirm ein wenig im Auge behalten. Denn die Diktierfunktion erkennt Ihr Diktat portionsweise und schickt in regelmäßigen Abstände kleine Portionen des diktierten Textes als Sprachdatei an den Server und wartet auf die Antwort mit dem erkannten Text. Sprechen Sie in dieser kurzen Pause weiter, besteht die Gefahr, dass das iPhone Ihren gesprochenen Text einfach verschluckt.

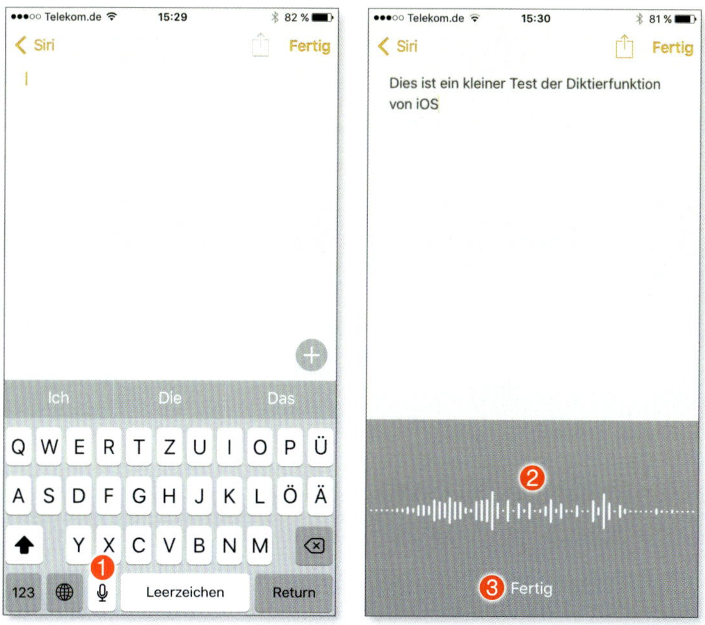

Die Diktierfunktion starten Sie mit einem Tipp auf das Mikrofonsymbol ❶, Sie beenden sie mit einem Tipp auf „Fertig" ❸.

Am besten ist es, wenn Sie bei der Diktierfunktion nach einer kleine Portion Text eine kurze Pause einlegen, in der das iPhone die bislang erfassten Sprachdateien an die Server von Apple schicken kann.

Die Diktierfunktion ist für kurze Notizen, Nachrichten, Einträge in die Erinnerungen und ähnliche Texte gedacht – lange Reden können Sie hier nicht schwingen, da sich die Diktierfunktion automatisch nach rund 500 Zeichen Text von allein abschaltet. Möchten Sie weiterdiktieren, müssen Sie in diesem Fall die Funktion durch einen Tipp auf das Mikrofon erneut aktivieren.

Die Diktierfunktion wird entweder durch einen Tipp auf *Fertig* ③ oder einen Druck auf die Home-Taste beendet.

> **!** **Einschränkungen:** Sie können die Diktierfunktion wie in Kapitel 1 erläutert auch mit einer Kindersicherung versehen und dafür sorgen, dass anstößige Sprache nicht verwendet werden darf.

Steuerbefehle für ein Diktat

Die Texteingabe beginnt ab der Position, an der die Schreibmarke blinkt. Alles, was Sie sagen, wird nun in fortlaufenden Text umgesetzt. Dabei erkennt die Funktion Wortgrenzen sehr zuverlässig automatisch – doch was ist mit einem neuen Absatz oder einer neuen Zeile? Auch wenn Sie nur relativ kurze Texte am Stück eingeben können, gibt es doch Situationen, in denen Sie Absätze oder neue Zeilen einfügen möchten, zum Beispiel bei einer Einkaufsliste.

Neue Zeilen, neue Absätze

Wenn Sie eine Liste diktieren, dann wird diese Liste nicht als Liste, sondern als fortlaufender Text gezeigt, also zum Beispiel „Einkaufsliste Eier Butter Milch" statt

- *Einkaufsliste*
- *Eier*
- *Butter*
- *Milch*

Das ist natürlich unschön, lässt sich aber sehr leicht ändern. Mit der Anweisung „Neue Zeile" bzw. „Neuer Absatz" fügen Sie einen Zeilenumbruch bzw. einen neuen Absatz ein. Diktieren Sie also „Einkaufsliste Neuer Absatz Eier Neue Zeile Butter Neue Zeile Milch".

> **!** **Zeilen und Absätze:** Bei der Anweisung „Neue Zeile“ springt die Schreibmarke an den Anfang der nächsten Zeile, bleibt aber im aktuellen Absatz, es wird also nur eine Zeilenschaltung eingefügt. Bei „Neuer Absatz“ wird der aktuelle Absatz geschlossen und ein neuer geöffnet. Absätze haben in der Regel untereinander größere Abstände als Zeilen.

Ohne weitere Anweisungen wird der diktierte Text fortlaufend geschrieben ❶*. Mit „Neuer Absatz“ fügen Sie einen neuen Absatz* ❷*, mit „Neue Zeile“ einen Zeilenumbruch* ❸ *ein.*

Groß- und Kleinschreibung

Mitunter müssen in einem Satz einzelne Wörter in Großbuchstaben oder, genau andersherum, konsequent klein geschrieben werden. Auch das ist mit der Diktierfunktion möglich.

Dabei erkennt die Funktion gängige, groß geschriebene Abkürzungen wie USA, NATO, PHP oder DAX automatisch und schreibt sie groß. Um die Großschreibung für das folgende Wort zu aktivieren, sagen Sie „Großbuchstaben“ und sprechen dann das gewünschte Wort. Die automatischen Großbuchstaben gelten immer nur für ein Wort.

Genauso funktioniert es, wenn Sie ein normalerweise in Großbuchstaben oder mit großem Anfangsbuchstaben geschriebenes Wort ausnahmsweise einmal klein schreiben möchten: Sie sagen „Kleinbuchstaben“, gefolgt von dem gewünschten Wort.

Gängige Abkürzungen wie USA ❶ *werden automatisch groß geschrieben, Sie können aber auch beliebige andere Wörter groß schreiben lassen* ❷ *– oder die Abkürzung ausnahmsweise auch klein* ❸.

Satz- und Sonderzeichen

Bislang diktieren Sie wortwörtlich ohne Punkt und Komma – das ist natürlich etwas unbefriedigend, schließlich möchten Sie auch einmal einen Punkt machen, ein Komma setzen oder einen Doppelpunkt. Sonderzeichen wie &, @ oder $ sollten Sie auch diktieren können – und das können Sie natürlich auch. Die Diktierfunktion verfügt nämlich über einen sehr umfangreichen Befehlssatz zur Eingabe dieser und anderer Satz- und Sonderzeichen.

Satzzeichen diktieren

Sie diktieren ein Satzzeichen, indem Sie es einfach aussprechen: „Punkt“, „Komma“, „Fragezeichen“ und so weiter. Die folgende Tabelle bietet einen Überblick über die möglichen Satzzeichen.

Zeichen	Aussprache
	Leerzeichen
.	Punkt
,	Komma
-	Bindestrich
–	Gedankenstrich
/	Schrägstrich
_	Unterstrich
:	Doppelpunkt
;	Semikolon
?	Fragezeichen
!	Ausrufezeichen
…	Auslassungszeichen
»	Zitat Anfang
«	Zitat Ende
(	Klammer auf
)	Klammer zu
[	Eckige Klammer auf
]	Eckige Klammer zu
<	Spitze Klammer auf
>	Spitze Klammer zu

Zeichen	Aussprache
{	Geschweifte Klammer auf
}	Geschweifte Klammer zu
´	Apostroph
~	Tilde

Sonderzeichen

Was mit Satzzeichen geht, geht natürlich auch mit allerlei Sonderzeichen. Die folgende Tabelle bietet Ihnen einen Überblick über die Möglichkeiten:

Zeichen	Aussprache
&	Und-Zeichen
*	Sternchen
@	Klammeraffe / At-Zeichen
©	Urheberrechtssymbol
°	Gradzeichen
$	Dollarzeichen
€	Eurosymbol
£	Pfundsymbol
¥	Yensymbol
%	Prozentzeichen
‰	Promillezeichen
®	Eingetragene Marke
§	Paragraphzeichen
™	Markensymbol
+	Pluszeichen
-	Minuszeichen
±	Plus-Minus-Zeichen
=	Gleichheitszeichen
#	Nummernzeichen

Emoticons

Mit der Diktierfunktion lassen sich aber nicht nur die üblichen und weniger üblichen Satz- und Sonderzeichen diktieren, sondern auch die beliebten Emoticons („Smiley") wie etwa ;-). Die Tabelle zeigt Ihnen, was geht:

Zeichen	Aussprache
:-)	Smiley-Gesicht
:-(	Trauriges Gesicht
:'(	Weinendes Gesicht
;-)	Zwinkerndes Gesicht
:-D	Lachendes Gesicht

Daten, Währungen, Zahlen

Die Diktierfunktion ist schlau genug, um Daten oder Währungsangaben automatisch zu erkennen und umzusetzen. Auch die Darstellung von römischen Zahlen ist möglich.

Daten, Zeiten, Zahlen

Gesprochene Zahlen – siebzehn, fünfunddreißig und so weiter – werden von der Diktierfunktion automatisch in Ziffern – 17, 35 – umgesetzt. Das funktioniert allerdings nicht bei Formulierungen wie „Peter kam auf den dritten Platz", hier wird die Zahl als Wort geschrieben, nicht als „3. Platz". Dafür hat die Diktierfunktion keine Probleme damit, Daten zu erkennen und korrekt umzusetzen.

Um ein Datum wie etwa den „27. März 2016" zu diktieren, müssen Sie es lediglich aussprechen „Siebenundzwanzigster März Zweitausendsechszehn", aus „18. Januar Neunzehnhundertvierzehn" wird dann entsprechend „18. Januar 1914".

Entsprechend erkennt die Diktierfunktion auch Zeitangaben. Aus „Wir treffen uns morgen um neunzehn Uhr" wird dann das schriftlich korrekte „Wir treffen uns morgen um 19:00 Uhr", aus „siebzehn Uhr fünfunddreißig" macht die Funktion dann „17:35 Uhr".

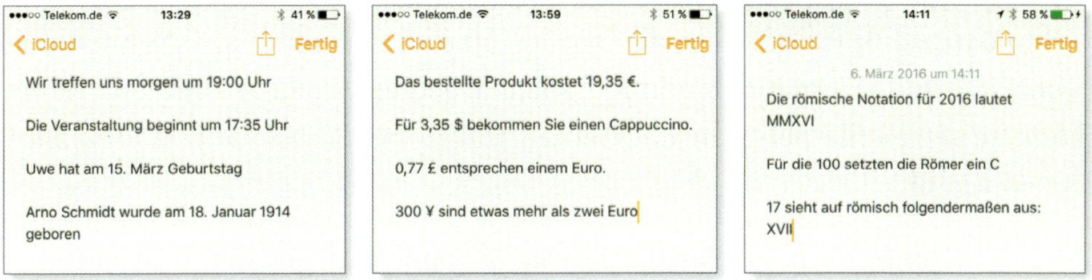

Mit Daten, Uhrzeiten, Währungen oder römischen Zahlen hat die Diktierfunktion keine Probleme.

Währungen

Ganz ähnlich ist es mit Währungsangaben, auch hier sprechen Sie einfach die gewünschte Zahl samt Währung aus. So wird aus „Dreizehn Euro fünfunddreißig“ ein „13,35 €“ oder aus „Zwanzig Dollar fünfundachtzig“ entsprechend „20,85 $“.

Römische Zahlen

Es ist auch möglich, römische Zahlen zu diktieren, also ein etwa ein „CDIX“ für 409 oder MMXV für 2015. Dazu müssen Sie lediglich „römisch“ vor der Zahl sagen, die römisch notiert werden soll, also etwa „römisch vierhundertdreizehn“.

Die Diktierfunktion von macOS

Auch auf dem Mac gibt es eine Diktierfunktion, die ähnliche Funktionen und Möglichkeiten bietet wie die Diktierfunktion auf iPhone und iPad.

Die Diktierfunktion aktivieren und konfigurieren

Damit Sie die Diktierfunktion von macOS nutzen können, müssen Sie sie zuerst aktivieren. Dazu rufen Sie *(Apfel-Menü) –> Systemeinstellungen* auf und klicken hier auf *Tastatur* und wechseln zum Register *Diktat*. Hier klicken Sie auf *Ein* ❶, um die Diktierfunktion zu aktivieren.

Standardmäßig funktioniert die Diktierfunktion auch unter macOS nur dann, wenn Sie eine Internetverbindung haben. Möchten Sie auch offline diktieren können, setzen Sie per Mausklick einen Haken bei *Erweiterte Diktierfunktion verwenden* ❷.

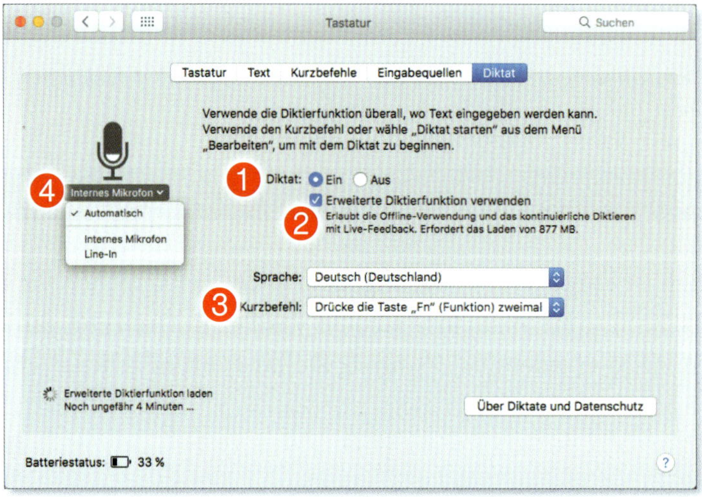

Die Diktierfunktion von macOS ist standardmäßig nicht aktiv, sie muss zuerst in den Systemeinstellungen eingeschaltet werden.

In diesem Fall lädt der Mac die benötigten Sprachdateien aus dem Internet und speichert sie lokal auf Ihrer Festplatte. Diese Dateien sind allerdings recht umfangreich und belegen fast ein Gigabyte an Speicherplatz auf Ihrer Festplatte.

> **!** **Datenschutz:** Wie bei der Diktierfunktion beim iPhone oder iPad schickt auch der Mac den gesprochenen Text zur Analyse an Apple, hier gelten also die gleichen Hinweise zum Datenschutz wie bei iOS. Haben Sie allerdings die erweiterte Diktierfunktion eingeschaltet, wird die Analyse auf Ihrem Mac durchgeführt und Apples Server bleiben außen vor.

Standardmäßig startet die Diktierfunktion, wenn Sie zweimal die *Fn*-Taste drücken. Möchten Sie ein anderes Tastenkürzel benutzen, wählen Sie im Menü *Kurzbefehl* ❸ die gewünschte Option. Hier stehen Ihnen einige Alternativen zur Verfügung, Sie können aber auch ein eigenes Tastenkürzel definieren.

Damit die Diktierfunktion möglichst in jeder Situation genutzt werden kann, wählt der Mac die Eingabequelle für Sprache automatisch aus, standardmäßig nimmt er also das interne Mikrofon. Sobald Sie ein Mikro angeschlossen haben, reagiert die Funktion auf Spracheingaben über das Mikro. Möchten Sie, dass die

Diktierfunktion nur in diesem Fall aktiv ist oder, im Gegenteil, dass ein angeschlossenes Mikro ignoriert wird, klicken Sie auf das Auswahlmenü unterhalb des Mikrofonsymbols ❹ und wählen die gewünschte Option.

> **!** **Das iPhone-Headset:** Das iPhone-Headset besitzt ein Mikrofon, das bei neueren Macs auch als Mikrofon benutzt werden kann. Bei älteren Macs wird es leider nicht korrekt erkannt. Mehr zum Mac und seinen Mikrofonen lesen Sie in Kapitel 10.

Die Diktierfunktion nutzen

Sobald Sie die Diktierfunktion eingeschaltet haben, steht sie Ihnen überall dort zur Verfügung, wo Sie Text eingeben können. Statt zu tippen, benutzen Sie also das gewählte Tastenkürzel (standardmäßig ist das *Fn*, *Fn*). Auf der Höhe des Cursors erscheint dann ein Mikrofon und Sie können ab sofort sprechen statt zu tippen. Zudem können Sie in vielen Mac-Programmen im Menüpunkt *Bearbeiten* den Eintrag *Diktat* finden, der ebenso die Diktierfunktion in Betrieb nimmt.

Beim ersten Start kann es sein, dass die Funktion zuerst initialisiert werden muss, was ein paar Sekunden dauern kann. In diesem Fall sehen Sie kein Mikrofon, sondern zuerst drei Punkte, die nach kurzer Zeit durch das Mikro-Symbol ersetzt werden.

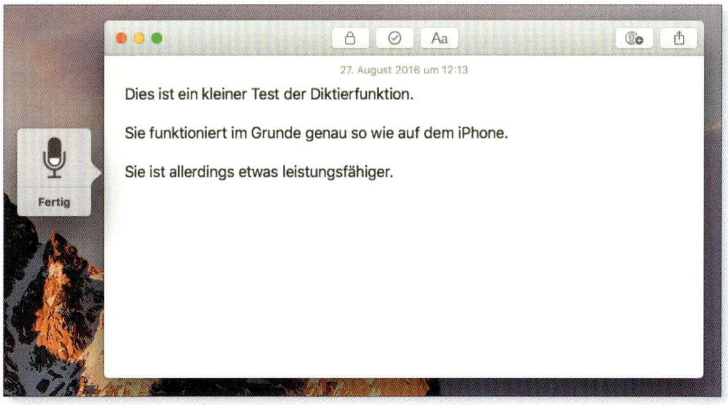

Die Diktierfunktion von macOS erlaubt es Ihnen, Text einfach zu diktieren als ihn zu tippen. Während des Diktats bleibt die Tastatureingabe natürlich aktiv, Sie können falsch verstandene Passagen also problemlos korrigieren, ohne die Diktierfunktion zu verlassen.

Wie gut Sie die Diktierfunktion versteht hängt natürlich davon ab, wie gut das Sprachsignal ist, das der Mac analysieren soll. Die besten Resultate erzielen Sie mit einem externen Mikrofon, aber auch das interne Mikro des Macs produziert in der Regel erstaunlich gute Ergebnisse. Abhängig von den Umgebungsgeräuschen, versteht sich – im stillen Kämmerlein diktiert es sich sehr viel besser als etwa in einer Bahnhofshalle.

Sie beenden die Diktierfunktion, indem Sie beim Mikrofonsymbol auf *Fertig* klicken.

Zeichen und Anweisungen

Bei macOS unterstützt die Diktierfunktion die gleichen Zeichen und Befehle wie iOS, geht aber etwas darüber hinaus. Unter macOS können Sie mit *Anführungszeichen oben* bzw. *Anführungszeichen unten* die deutschen Anführungszeichen „“ setzen, mit *Einfaches Anführungszeichen oben* (bzw. *unten*) entsprechend ‚‘. Damit das sauber funktioniert, muss allerdings unter *(Apfel-Menü) –> Systemeinstellungen –> Tastatur* auf der Registerkarte *Text* die Option *Typografische Interpunktion* aktiviert sein (was standardmäßig der Fall ist). Außerdem können Sie mit der Anweisung „Tabulatortaste“ zum nächsten Tabulatorstopp in Ihrem Dokument springen.

> **!**
>
> **Noch mehr Möglichkeiten:** Die Diktierfunktion von macOS kann auch dazu benutzt werden, einen eingegebenen Text zu bearbeiten, also etwa um einen Absatz zu markieren, den Cursor zu bewegen, durch ein Dokument zu scrollen, Bereiche zu löschen, Text zu fetten und ähnliches mehr. Diese Funktionen werden in den Systemeinstellungen unter **Bedienungshilfen** im Abschnitt **Diktat** verwaltet und aktiviert.

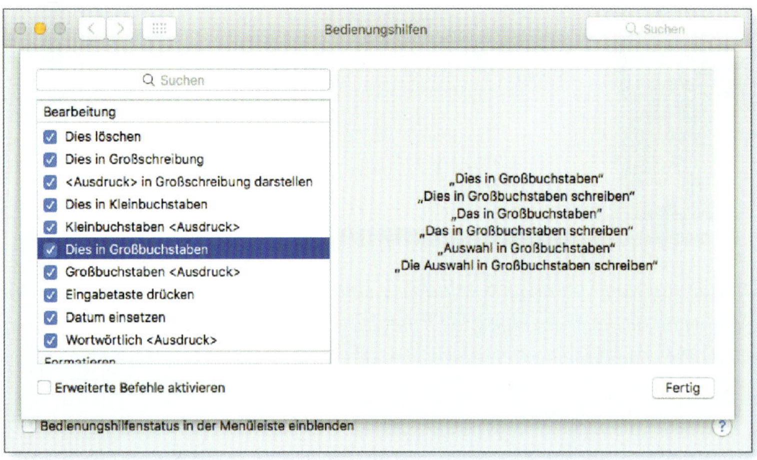

In den „Systemeinstellungen –> Bedienungshilfen“ finden Sie unter Diktat eine ganze Fülle nützlicher Befehle.

Kapitel 3 Siri weiß was

Siri als Wissensquelle

Siri kann für Sie nach bestimmten Begriffen im Internet suchen, aber auch Fragen beantworten. Wenn Siri mit einer Frage oder Anweisung nichts anzufangen weiß, startet es ebenfalls automatisch eine allgemeine Suche im Internet. Häufig landen Sie so bei einem passenden Artikel in der Wikipedia, der die gewünschten Informationen bietet. Mitunter aber ist Siri aufgeschmissen und präsentiert Ihnen sinnlosen Datenwust. Hier hilft dann nur eins: Abwarten und darauf hoffen, dass Apple Siri weiter verbessert.

> **!** **Siris Quellen:** Bei der Suche im Internet und der Beantwortung Ihrer Fragen greift Siri auf verschiedene Quellen zurück. Für die Internetrecherche wird überwiegend die Suchmaschine Bing von Microsoft benutzt. Daneben greift Siri häufig auf die Wikipedia und auf die Wissensmaschine Wolfram Alpha zu, die auf die präzise Beantwortung von allen möglichen Fragen spezialisiert ist. Siri nutzt auch spezialisierte Anbieter wie Yelp und Traveladvisor (für Restaurants, Hotels und Geschäfte) oder Yahoo Money (für Aktieninformationen und Wechselkurse).

Internetrecherche mit Siri

Für die Standardrecherche im Internet benutzt Siri nicht – wie eigentlich zu erwarten – die Suchmaschine, die Sie unter *Einstellungen –> Safari –> Suchmaschine* eingetragen haben, sondern „Bing" von Microsoft.

Wann immer Sie eine Anfrage wie „Suche im Internet nach Apple" starten, dann erscheint eine Trefferliste, die von Bing geliefert wird. Alles, was Sie normalerweise als Suchbegriff(e) in Safari eintippen würden, können Sie genauso gut auch gleich Siri diktieren.

Tippen Sie einen der gezeigten Treffer an, reicht Siri die Adresse der Seite an Safari weiter, wo sie prompt geöffnet wird. Wischen Sie den Bildschirm nach oben, erscheinen unterhalb der Trefferliste – je nach gesuchtem Begriff – auch passende Bilder und eine Liste mit verwandten Suchvorschlägen (die ebenfalls von Bing stammen).

Haben Sie zum Beispiel Siri angewiesen, nach Apfelkuchenrezepten zu suchen – etwa mit „Zeige mir Rezepte für Apfelkuchen" –, dann erscheinen unterhalb der Trefferliste Links zu Bildern und eventuell auch Videos von Apfelkuchen sowie der Abschnitt „Bing-Vorschläge" mit Vorschlägen wie „Omas Apfelkuchen mit Streuseln", „Apfelkuchen schnell und einfach" oder „Einfacher Apfelkuchen mit Rührteig". Tippen Sie einen dieser Einträge an, übernimmt Siri den entsprechenden Eintrag. Dabei reagiert Siri so, als hätten Sie den entsprechenden Eintrag gesprochen, die Anfrage wird also nicht an Safari durchgereicht, sondern Sie bleiben vorerst bei Siri.

Sie können auch gezielt nach bestimmten Inhalten suchen, etwa mit „Suche nach Bildern von Karl May". Auch hier setzt Siri auf Bing, in diesem Fall also auf die Bildersuche von Bing. Bei der Bildersuche erscheint rechts unten das Logo von Bing. Tippen Sie dieses Logo an, öffnet Safari die komplette Seite bei Bing mit sämtlichen Treffern.

Bei der Standardsuche greift Siri auf Microsofts Suchmaschine „Bing" zurück, Sie können aber auch explizit in der Wikipedia suchen. Auch die Suche nach bestimmten Inhalten ist problemlos möglich.

Aber natürlich können Sie auch andere Suchmaschinen benutzen oder gezielt auf die Wikipedia zugreifen – Sie müssen es Siri nur sagen: „Suche bei der Wikipedia nach Arno Schmidt", „Suche mit Google nach Apple" oder „Suche mit Yahoo nach Apple".

Während die Treffer von Bing oder auch der Wikipedia direkt im Siri-Bildschirm angezeigt werden, geht Siri bei der Suche mit Google oder Yahoo etwas anders vor. Hier zeigt Siri die Ergebnisse nicht direkt an, sondern startet stattdessen Safari, wo die entsprechenden Seiten von Google oder Yahoo aufgerufen werden und dann der Suchbegriff übergeben wird.

Sie fragen, Siri antwortet

Neben einer unspezifischen Suche nach Stichwörtern ist es auch möglich, Siri ganz konkrete Fragen zu stellen, die dann – mit etwas Glück – korrekt beantwortet werden. Falls Siri keine Antwort auf Ihre Frage findet, wird die Frage einfach an Bing übergeben und die entsprechende Trefferliste angezeigt.

Sachfragen

Statt nach einem allgemeinen Begriff im Internet zu suchen, ist es oft sehr viel einfacher, Siri genau das zu fragen, was man wissen möchte, zum Beispiel „Wann starb Goethe“, „Wie viele Einwohner hat München“ oder „Wann wurde Karl May geboren“. Alle diese Fragen beantwortet Siri in der Regel prompt und korrekt.

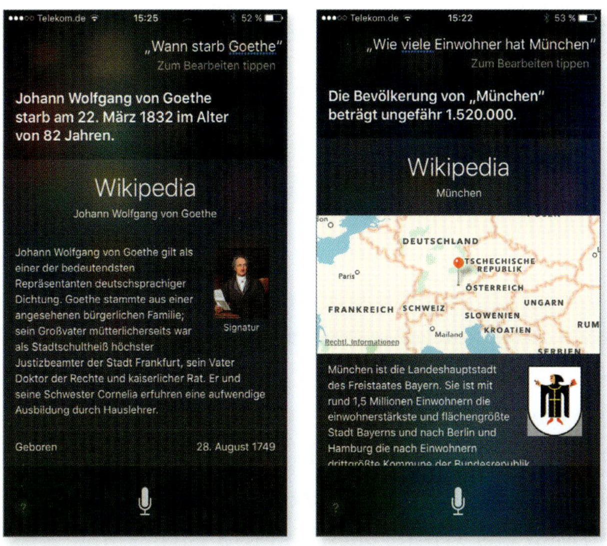

Einfache Sachfragen beantwortet Siri in der Regel prompt und korrekt.

Auch Fragen wie „Wie hoch ist die Zugspitze“ werden korrekt beantwortet. In der Regel übernimmt Siri dabei die Antworten aus den entsprechenden Artikel der Wikipedia, die ebenfalls angezeigt werden. Bei anderen Sachfragen muss Siri allerdings passen, die Frage „Wie tief ist die Nordsee an ihrer tiefsten Stelle“ kann Siri nicht beantworten. In diesem Fall startet Siri eine Websuche und präsentiert Ihnen die Trefferliste. In der Regel finden Sie die Antwort auf Ihre Frage dann auf einer der gefundenen Webseiten.

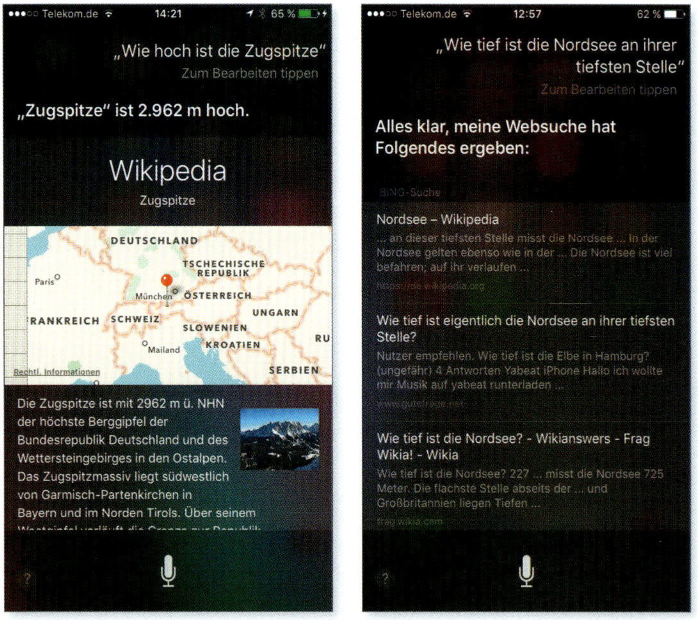

Die Höhe der Zugspitze kann Siri Ihnen verraten – aber bei der Frage nach der tiefsten Stelle der Nordsee muss Siri passen und verrät Ihnen lieber die Tiefsttemperatur.

! **Abwarten:** Apple arbeitet kontinuierlich an der Verbesserung von Siri. Wenn Siri einige Ihrer Fragen regelmäßig missversteht, kann es sich durchaus lohnen, sie ein paar Wochen später noch einmal auszuprobieren.

Rechtschreibung und Wortbedeutung

Siri kann Ihnen auch bei der Schreibweise schwieriger oder ungewöhnlicher Wörter weiterhelfen. Sagen Sie einfach „Wie schreibt man Panoptikum“, „Wie schreibt man Paläontologie“ oder „Schreibung Paläontologie“.

Hier greift Siri auf das Wörterbuch von iOS zurück und schlägt den Begriff nach. Anschließend zeigt Siri Ihnen den entsprechenden Eintrag und buchstabiert den Begriff. So bekommen Sie also nicht nur die korrekte Rechtschreibung, sondern erfahren auch gleich die Wortbedeutung. Die Buchstabierung ist ein wenig ungewohnt, denn Siri benutzt technische Umschreibungen. Das Wort „Wörterbuch“ buchstabiert Siri also nicht einfach „Großes w, ö, r … “, sondern Siri sagt „Großbuchstabe W, O-Umlaut, r … “.

Siri kann Ihnen auch die Schreibweise und Bedeutung von Fremdwörtern verraten.

Berechnungen

Mit Siri lassen sich auch einfache Berechnungen durchführen, wobei Siri in der Lage ist, den Kontext zu behalten und mit dem aktuellen Ergebnis Ihrer Rechnung weiterzuarbeiten. Lassen Sie Siri also etwas berechnen, können Sie direkt anschließend eine weitere Anweisung geben – etwa: „plus 4“ – und Siri addiert zum Ergebnis der Berechnung den angegebenen Wert.

Allerdings beherrscht Siri hier nur die Grundrechenarten und die Prozentrechnung. Sie können Siri also „Wie viel ist 35 weniger 17“ oder „Wie viel sind 25 Prozent von 134 durch 2“ fragen – aber bei „Berechne zwei hoch vier“ oder „Was ist der Sinus von 90“ rechnet Siri nicht mehr, sondern startet stattdessen eine Websuche.

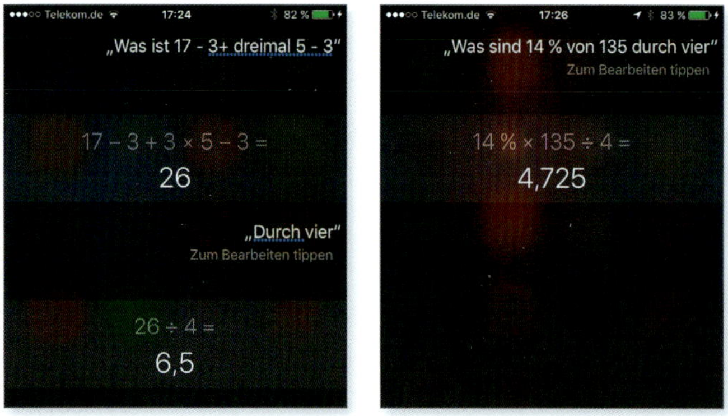

Einfache Berechnungen bereiten Siri keine Probleme. Dabei lassen sich die Berechnungen auch in mehrere Schritte zerlegen, Siri behält den Zusammenhang.

Bei der Berechnung arbeitet Siri mit der „Punkt vor Strich"-Regel, Multiplikationen und Divisionen werden also zuerst berechnet, bevor addiert und subtrahiert wird. Bei der Frage „Wie viel ist 13 minus 5 mal 8 plus 14" berechnet Siri also zuerst 5×8 (= 40), zieht das Ergebnis von 13 ab (= –27) und addiert anschließend 14. Ergebnis: –13.

Allerdings können Sie auch Ausdrücke klammern und Siri so anweisen, diese Ausdrücke zuerst zu berechnen. Mit „Wie viel ist 13 minus 5 mal Klammer auf 8 plus 14 Klammer zu" berechnet Siri also zuerst 8 + 14 (= 22), multipliziert das Ergebnis mit 5 (= 110) und zieht anschließend 110 von 13 ab. Ergebnis: –97.

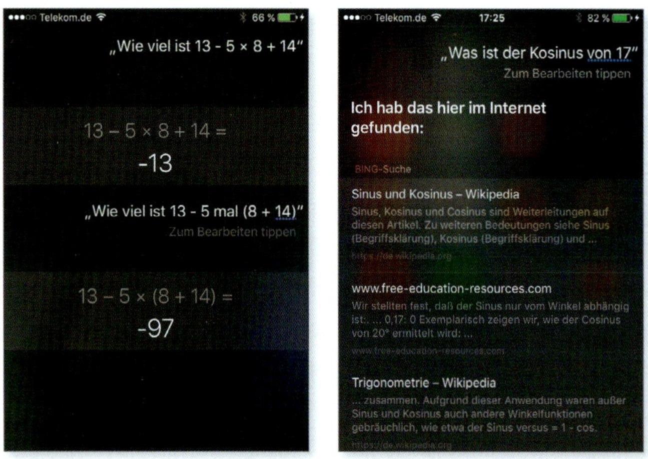

Bei der Berechnung arbeitet Siri nach der „Punkt vor Strich"-Regel, kommt aber auch mit der Klammersetzung klar. Bei Trigonometrie steigt Siri allerdings aus.

Neben den Berechnungen beherrscht Siri auch Umrechnungen. Sie können sich also etwa Yard in Kilometer, Meilen pro Stunde in Stundenkilometer oder

US-Dollar in Euro („45 Dollar zu Euro“) umrechnen lassen. Dabei können Sie es sich zunutze machen, dass Siri Einheiten automatisch korrekt notiert, Sie müssen also zum Beispiel nicht „Siebzehn Komma fünfunddreißig Dollar“ sagen, sondern können wie gewohnt den umgangssprachlichen Ausdruck „Siebzehn Dollar fünfunddreißig“ benutzen.

Das Umrechnen von Einheiten stellt Siri in der Regel vor keine großen Probleme.

Neues vom Sport

In den USA greift Siri auf die umfangreichen Datenbestände für die Baseball Major League, die National Football League, die National Hockey League und die National Basketball Association zu. Hierzulande kennt Siri bislang nur Fußball.

Im europäischen Fußball kann Siri Ihnen Fragen zu den ersten Ligen beantworten, für Deutschland ist Siri auch ein wenig mit der zweiten Bundesliga vertraut. Fragen nach Mannschaften, Spielern oder Trainern der dritten oder gar der Regionalliga werfen Siri aus der Bahn, hier wird dann wie gewohnt eine Suche im Internet gestartet.

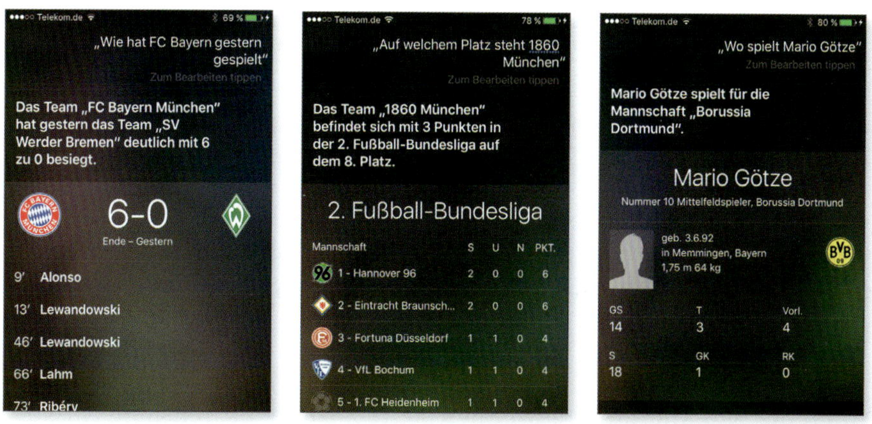

Ganz gleich, ob Sie die letzten Ergebnisse, den aktuellen Tabellenplatz Ihres Lieblingsvereins oder den Verein eines Spielers wissen möchten – Siri hilft Ihnen weiter.

Sie können sich problemlos über den aktuellen Tabellenstand („Zeige mir die aktuelle Bundesligatabelle") informieren, von Siri den aktuellen Torschützenkönig nennen lassen („Wer schoss in der Bundesliga die meisten Tore") oder fragen, wie viele Tore ein bestimmter Spieler geschossen hat. Auch eine Übersicht über die Ergebnisse des aktuellen oder letzten Spieltags sind möglich („Wie gingen die Fußballspiele gestern aus"), Fragen zum aktuellen Spielstand („Wie steht es beim Spiel BVB gegen Mainz") oder „Wie gingen die Spiele in der Champions League aus" werden beantwortet.

Fragen zum Torschützenkönig oder den aktuellen Spielplan im Überblick werden von Siri zuverlässig mit der gewünschten Information beantwortet.

Beim Zugriff auf historische Daten strauchelt Siri allerdings, hier scheint der Datenbestand etwas durcheinandergeraten zu sein. Eine Frage wie „Zeige mir die Bundesliga-Tabelle vom zwölften Spieltag" wird mit der aktuellen Tabelle beantwortet. Bei „Zeige mir die Ergebnisse für die zwölfte Spielwoche der Fußball-Bundesliga" präsentiert Siri zwar die Ergebnisse der gewünschten Spielwoche – aber die muss nicht unbedingt aus der aktuellen Saison sein, sondern kann etliche Jahre zurückliegen. Dabei kann es auch passieren, dass Siri Ihnen stolz Ergebnisse präsentiert, die sich überhaupt keiner Saison oder Woche zweifelsfrei zuordnen lassen.

Woran Sie sich allerdings gewöhnen sollten, ist die oft seltsame Aussprache internationaler Vereine, die Siri stur wie deutsche Begriffe ausspricht, was mitunter zu lustigen Sprachantworten führt. Doch solange die Ergebnisse stimmen, kann man über diese kleine Eigenheit von Siri amüsiert hinwegsehen.

Bei der Frage nach dem Kader einer Mannschaft kann jeder Eintrag eines Spielers angetippt werden, um sich Detailinformationen anzeigen zu lassen, ohne Siri zu verlassen. Siri beantwortet auch Fragen zum europäischen Fußball.

So stehen die Aktien

Auch bei Infos zum Aktienmarkt ist Siri hilfreich. Anfragen wie „Wie ist der Stand der Apple-Aktie" oder „Aktienkurs von Google" werden prompt mit einem Chart und den wichtigsten Eckdaten einer Aktie beantwortet. Allerdings hat Siri nur Zugriff auf den aktuellen Stand einer Aktie, historische Fragen – „Wo stand die Apple-Aktie vor einem Jahr" – kann Siri nicht beantworten. Genauer: Noch nicht. Schließlich wird Siri kontinuierlich ausgebaut, und es ist gut möglich, dass Siri in einer der nächsten Versionen auch über historische Aktiendaten verfügt.

Fragen zum aktuellen Aktienkurs beantwortet Siri prompt, bei Fragen zu historischen Daten muss Siri allerdings passen.

Dabei lassen sich auch Detailfragen zu den Eckwerten einer Aktie stellen, wie etwa „Welches Volumen hat die Microsoft-Aktie“, „Welche Rendite hat Apple“ oder „Wie ist das Kurs-Gewinn-Verhältnis von Google“. Auch bei einem Vergleich der verschiedenen Aktienindizes – „Vergleiche den DAX mit Nasdaq“ – gibt Siri zuverlässig eine Antwort.

Siri lässt Sie auch bei Detailfragen zu einer Aktie oder dem Vergleich der verschiedenen Aktienindizes nicht im Stich.

Das Wetter

Und zum Schluss dieses Kapitels gibt es wie bei den Nachrichten: Das Wetter. Für die Beantwortungen Ihrer Fragen zum Wetter greift Siri auf die Daten des amerikanischen Anbieters „The Weather Channel“ zu. Möchten Sie mehr über das Wetter wissen, als Siri weiß, kann Sie Siri auch zu diesem Anbieter durchreichen.

Am häufigsten möchten Sie wohl wissen, wie das Wetter aktuell ist und wie es sich im Laufe der Zeit entwickelt. Hier führt Sie eine simple Frage wie „Wie ist das Wetter“ zuverlässig zum Ziel. In diesem Fall greift Siri auf die Ortungsfunktion des iPhones zu und zeigt Ihnen die Wettervorhersage für diesen Ort. Möchten Sie die Wettervorhersage für einen anderen Ort, fügen Sie ihn einfach zur Frage hinzu, etwa mit „Wie ist das Wetter in Vancouver“ oder sagen Sie einfach nur „Wetter Paris“.

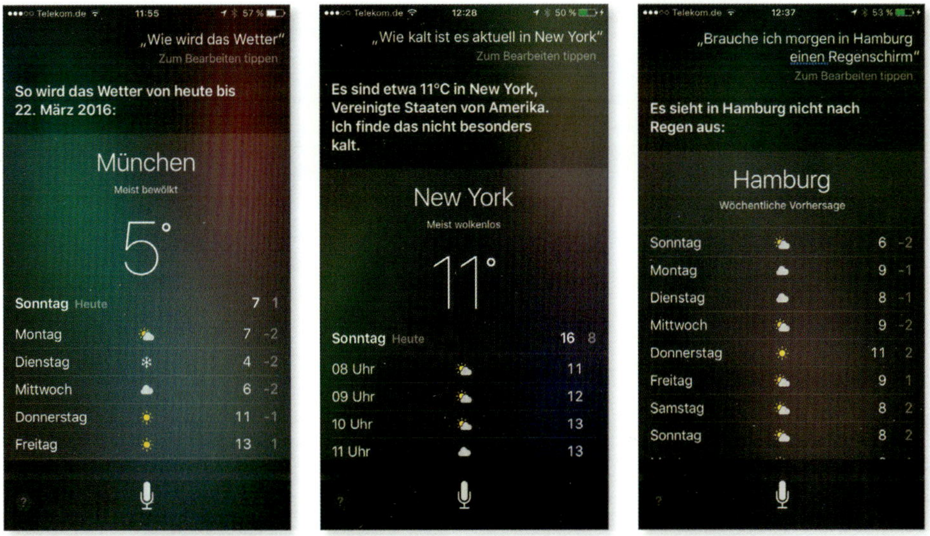

Die Wettervorhersage ist eine der leichtesten Übungen für Siri. Fügen Sie einen Ortsnamen oder eine genauere zeitliche Bestimmung hinzu, können Sie sich anstelle der Wochenvorhersage für Ihren Ort auch das aktuelle Wetter in einer anderen Stadt oder die Vorhersage für andere Tage und Orte anzeigen lassen. Dabei erkennt Siri auch am Kontext einer Frage, dass Sie nach dem Wetter fragen, ohne es explizit zu nennen.

In beiden Fällen zeigt Ihnen Siri eine Übersicht über das Wetter der nächsten Tage. Möchten Sie wissen, wie das Wetter im Verlauf des Tages wird, fügen Sie das Schlüsselwort „heute" oder „aktuell" in Ihre Frage ein, also etwa „Wie wird heute das Wetter", „Wie wird heute das Wetter in Hamburg" oder auch „Wie kalt ist es aktuell in New York".

Es sind auch Detailfragen möglich wie etwa „Wie ist die Windgeschwindigkeit in München". Nach dieser und ähnlichen Antworten können Sie direkt mit Fragen wie „Und in Hamburg" die entsprechenden Daten für andere Städte und Orte anfordern. Auch Fragen wie „Wie kalt wird es diese Woche" oder „Wird es diese Woche schneien" funktionieren.

Siri ist auch in der Lage, eher umgangssprachliche Umschreibungen zu erkennen. Eine Frage wie „Brauche ich nächsten Donnerstag in Hamburg einen Schirm" wird genauso beantwortet wie „Wie kalt wird es heute Nacht".

Auch Fragen zum Sonnenauf- und Sonnenuntergang sind möglich, zum Beispiel: „Wann geht am Donnerstag die Sonne auf" (wobei Sie auch hier natürlich Ihre Frage um eine Ortsangabe ergänzen können: „Wann geht am nächsten Sonntag in München die Sonne unter").

Siri kann Ihnen auch den Sonnenauf- und Sonnenuntergang verraten. Wenn Sie weitere Informationen möchten, bringt Sie ein Tipp auf „The Weather App" unten rechts zur entsprechenden Webseite des amerikanischen Anbieters. Falls Sie dessen App installiert haben, fragt Siri zuvor nach, ob Sie die App öffnen möchten.

Jede Frage nach dem Wetter wird mit einer Übersicht über die Entwicklung der nächsten Tage bzw. Stunden beantwortet. Scrollen Sie diese Übersicht nach oben, sehen Sie unten rechts das Logo von „The Weather Channel". Tippen Sie dieses Logo an, öffnet Siri die passende Webseite von The Weather Channel in Safari. Falls Sie die (kostenlose) App des Anbieters installiert haben, kann Siri die Daten auch an die App übergeben.

Kapitel 4 Telefon & Co

Mit Siri telefonieren

Ein häufiger Einsatz von Siri besteht darin, eine bestimmte Person anzurufen, ohne dass Sie das iPhone in die Hand nehmen müssen. Das ist etwa im Auto in Kombination mit *Hey Siri* sehr praktisch, aber auch beim Spazierengehen, wenn Sie über das Headset Musik hören und jemanden anrufen möchten.

Jemanden anrufen

Siri die Telefonnummer wählen zu lassen ist denkbar einfach. Eine Anweisung wie „Ruf Giesbert Damaschke an“ bestätigt Siri mit „Giesbert Damaschke wird angerufen“. Anschließend wechselt Siri zur Telefon-App und wählt die gewünschte Nummer. Natürlich muss der gewünschte Gesprächspartner dazu in den Kontakten eingetragen und eine Telefonnummer hinterlegt sein – andernfalls weiß Siri ja nicht, welche Nummer gewählt werden soll (was Siri Ihnen auch sagt: „Oh je, ich habe keine Telefonnummer für Fritz Mustermann“).

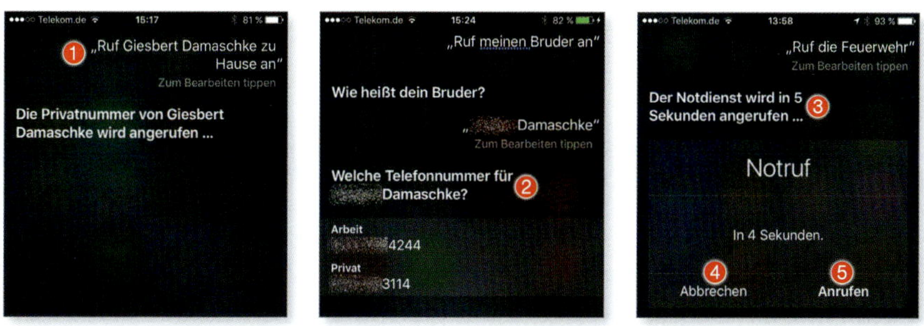

Siris Telefonfunktion ist denkbar einfach zu benutzen – Sie sagen einfach, wen Sie auf welcher Nummer anrufen möchten ❶, den Rest übernimmt Siri. Bei möglichen Missverständnissen oder mehreren Optionen ❷ fragt Siri zuvor nach. Notrufe werden als Schutz gegen Missbrauch oder Versehen erst nach 5 Sekunden angerufen ❸. Sie können den Anruf also problemlos „Abbrechen“ ❹ oder mit einem Tipp auf „Anrufen“ ❺ die Wartezeit überspringen.

Sie können die Anweisung auch zweistufig geben. Nach dem kurzen Kommando „Anrufen" fragt Siri nach dem gewünschten Gesprächspartner. Nennen Sie den Namen, wählt Siri die gewünschte Nummer.

Bei möglichen Missverständnissen fragt Siri noch einmal nach. Findet Siri im Telefonbuch mehrere passende Einträge oder findet Siri zwar nicht den gewünschten, aber einen ähnlichen Eintrag für einen Kontakt, zeigt Siri Ihnen zuerst die möglichen Optionen.

Auch bei ähnlichen Namen und dem simplen Kommando „Anrufen" fragt Siri nach, wer oder was gemeint sein könnte.

Sind mehrere Nummern für einen Kontakt gespeichert – etwa „Privat", „Mobil", „Arbeit" –, zeigt Siri also die gespeicherten Nummern an und fragt nach, welche davon Sie meinen. Sie können nun entweder einfach mit einem kurzen Kommando wie „Mobil" die Nummer auswählen, oder Sie tippen den gewünschten Eintrag an.

> **!** **Anruf abbrechen:** Haben Sie es sich anders überlegt oder Siri hat Sie falsch verstanden und Sie möchten eine andere Nummer wählen, können Sie das Wählkommando durch einen Druck auf die Home-Taste abbrechen. Sollte Siri bereits zum Telefon gewechselt haben, tippen Sie zum Abbrechen auf den roten Telefonhörer.

Falls Sie bereits im Vorfeld wissen, dass ein Eintrag in Ihren Kontakten mehrere Telefonnummern besitzt, lässt sich dieser Eintrag auch mit dem ersten Kommando gezielt anwählen, etwa mit „Rufe Giesbert Damaschke auf der Arbeit an" oder „Ruf Giesbert Damaschke auf dem iPhone an".

Was mit der vollen Namensnennung funktioniert, funktioniert natürlich auch mit Spitznamen wie „Ruf Sam an" oder „Ruf meine Frau im Büro an". Möchten Sie rasch daheim anrufen, sagen Sie einfach „Ruf zu Hause an". Falls die Beziehung zu einer Person noch nicht in den Kontakten hinterlegt ist, fragt Siri noch einmal nach, bei „Ruf meinen Bruder an" etwa mit „Wie heißt dein Bruder?". Sie können nun den gewünschten Namen nennen, wobei sich Siri diese Eingabe leider nicht merkt, beim nächsten Anruf also ebenfalls nachfragt (wie Sie Siri Ihre Beziehungen zu anderen Personen beibringen, lesen Sie in Kapitel 1).

> **!** **Notrufe:** Auf die Kommandos „Ruf die Polizei", „Ruf die Feuerwehr" und „Ruf einen Krankenwagen" reagiert Siri mit einem Anruf beim Notdienst, ohne dass Sie diese Nummern in den Kontakten gespeichert haben oder sie diktieren müssen. Als Schutz vor Missbrauch gibt es hier allerdings eine kleine Zeitverzögerung von fünf Sekunden, in denen Sie einen versehentlichen Notruf abbrechen können. Denken Sie daran, dass ein Juxanruf beim Notdienst echte Notrufe blockiert und strafbar ist.

Bei Telefonnummern, die Sie nicht in den Kontakten gespeichert haben, lässt sich die Nummer auch diktieren, etwa mit „Wähle 0123 456 789“. Dabei ist es zwar möglich, Zahlen zusammenhängend auszusprechen – also etwa „478“ als „vierhundertachtundsiebzig“ –, aber zuverlässiger funktioniert die Nummernwahl, wenn Sie die Ziffern einzeln aussprechen („vier, sieben, acht“).

> **!** **Anrufen trotz Sperre:** Die Anruffunktion von Siri ist auch dann aktiv, wenn das iPhone gesperrt ist. Das ist sehr praktisch, können Sie doch telefonieren, ohne das iPhone zuvor entsperren zu müssen. Doch was für Sie gilt, gilt auch für alle anderen: Jeder, der Ihr gesperrtes iPhone in die Finger bekommt, kann auf Ihre Kosten telefonieren. Und nicht nur das: Wenn Sie in den Kontakten Ihre Beziehungen zu anderen Personen hinterlegt haben, können Fremde mit „Ruf meinen Vater/meine Frau/meinen Bruder … an" sich rasch einen Überblick über Ihren Verwandten- und Bekanntenkreis verschaffen. Ob das in der Praxis ein echtes Risiko ist, muss jeder für sich selbst entscheiden. Wenn Ihnen das zu riskant ist, hilft nur eins: Schalten Sie – wie im ersten Kapitel gezeigt – den Zugriff auf Siri über den Sperrbildschirm aus.

FaceTime-Anrufe

So wie Sie ein normales Telefon starten, starten Sie auch einen FaceTime-Anruf mit Siri. Mit „Ruf Giesbert Damaschke über FaceTime an“ starten Sie einen Videoanruf mit dem gewünschten Gesprächspartner. Möchten Sie einen Audioanruf über FaceTime durchführen, sagen Sie entsprechend „Ruf Giesbert Damaschke über FaceTime Audio an“.

Wenn Ihnen das zu lang ist, können Sie die Anforderung auch abkürzen, ein „FaceTime mit Giesbert Damaschke“ bzw. „FaceTime Audio mit Giesbert Damaschke“ führen ebenfalls zum Ziel.

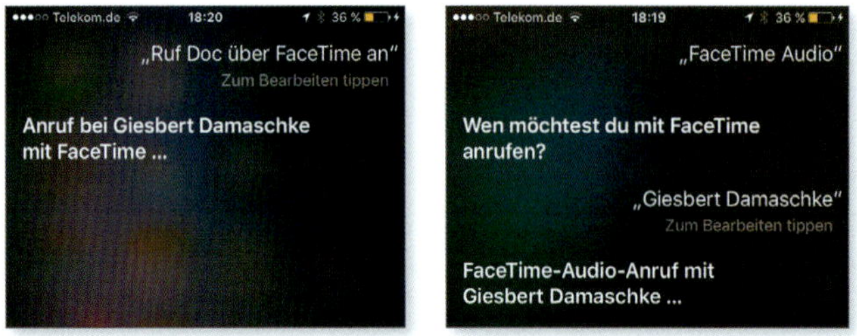

FaceTime-Anrufe funktionieren genau so wie normale Telefonate. Ein FaceTime-Anruf ist standardmäßig ein Videotelefonat, möchten Sie nur ein Audiotelefonat führen, müssen Sie Siri explizit darauf hinweisen.

Noch kürzer geht es mit dem simplen Kommando „FaceTime" bzw. „FaceTime Audio". In diesem Fall fragt Siri kurz nach, wen Sie anrufen wollen. Sagen Sie nun den Namen, stellt Siri die gewünschte Verbindung her.

Telefonate verwalten

Siri hilft Ihnen auch bei der Verwaltung Ihrer Anrufe, also etwa beim Abfragen von Voicemail oder bei verpassten Anrufen. Auch hier ist der Einsatz denkbar simpel: Mit einer Anweisung wie „Zeige mir meine verpassten Anrufe" oder „Habe ich neue Voicemails" erhalten Sie die gewünschten Informationen.

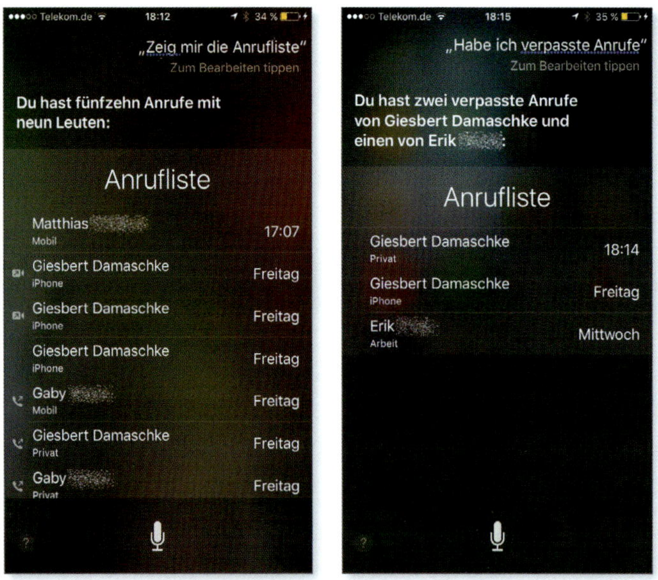

Siri kann Ihnen problemlos Ihre komplette Anrufliste oder auch nur die Liste der verpassten Anrufe zeigen.

Bei den verpassten Anrufen blendet Siri die Liste mit den entsprechenden Einträgen ein. Hier können Sie nun einen Eintrag antippen, um jemanden zurückzurufen. Oder Sie weisen einfach Siri an, die gewünschte Person anzurufen. Bei Voicemails können Sie sich nicht nur die Liste mit den Nachrichten anzeigen lassen, sondern auch gezielt eine Voicemail abspielen, etwa mit „Spiele die Voicemail von Giesbert Damaschke“. Nach der Wiedergabe der Voicemail fragt Siri nach, ob Sie die Nachricht noch einmal hören möchten.

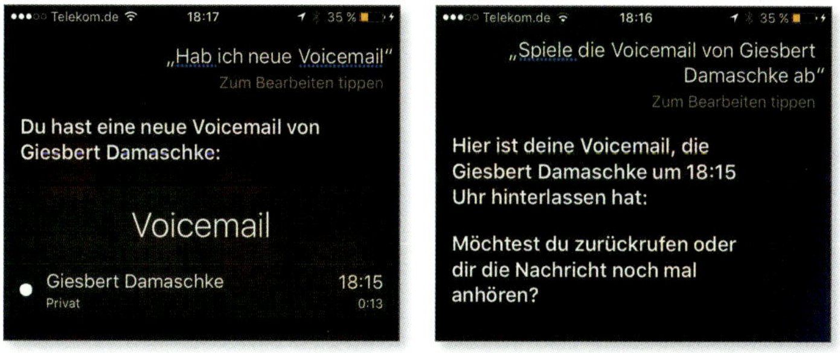

Auch die Abfrage und die Wiedergabe Ihrer Voicemails beherrscht Siri. Nach der Wiedergabe einer Nachricht fragt Siri nach, ob Sie die Nachricht noch einmal hören möchten.

Natürlich können Sie sich auch die komplette Anrufliste zeigen lassen. Hier bringt Sie die Anweisung „Zeig mir die Anrufliste“ ans Ziel. Hier kann Siri übrigens etwas pingelig werden – sagen Sie zum Beispiel „Anruferliste“ statt „Anrufliste“, versteht Siri zwar den Wortlaut, startet aber unter Umständen eine Websuche, statt Ihnen die Liste Ihrer Anrufe zu zeigen. Auch bei der Anrufliste können Sie mit einem Tipp auf einen Eintrag die entsprechende Person anrufen.

Was Siri allerdings (noch) nicht beherrscht ist das Löschen der Anrufliste oder von Voicemails. Auf Anweisungen wie „Lösch die Anrufliste“ oder „Lösch die Voicemail von Giesbert Damaschke“ reagiert Siri mit der Anzeige der Anrufliste bzw. der entsprechenden Voicemail. Ähnlich reagiert Siri auf Fragen nach Anrufen von konkreten Leuten. Eine Frage wie „Habe ich einen Anruf von meiner Frau“ quittiert Siri ebenfalls mit der Anzeige der vollständigen Anrufliste. Hier hat Siri – oder genauer: Apple – also noch Luft nach oben.

Nachrichten

Mit Siri ist es kein Problem, rasch eine SMS oder Nachricht an Freunde und Bekannte zu verschicken. Und nicht nur das: Sie können sich Nachrichten vorlesen lassen, direkt auf eine Nachricht antworten oder den Absender anrufen.

Eine Nachricht schreiben und senden

Eine SMS oder iMessage via Siri ist so einfach wie ein Telefonat via Siri, wobei Siri auf verschiedene Anweisungen reagiert. Am schnellsten geht das, wenn Sie den Adressaten Ihrer Nachricht und diese selbst in einem Satz anführen, zum Beispiel: „Schick eine Nachricht an Giesbert Damaschke, ich komme etwas später".

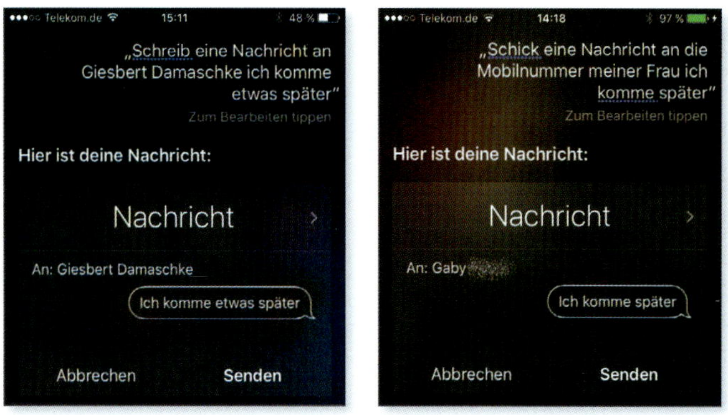

Eine Nachricht mit Siri ist rasch geschrieben und abgeschickt.

Siri erstellt die gewünschte Nachricht und fragt nach, ob die Nachricht gesendet werden soll. Mit der Anweisung „Senden" macht sich die Nachricht auf den Weg, mit „Abbrechen" löscht Siri den Entwurf. Statt „Schicke eine Nachricht …" können Sie auch „Sende eine Nachricht …" oder „Neue Nachricht an …" sagen.

> **!** **Nachrichten an eine E-Mail-Adresse:** Wenn Sie und der Empfänger bei Apples iCloud angemeldet sind und Sie beide iMessage aktiviert haben, lassen sich Nachrichten auch an E-Mail-Adressen schicken.

Wenn mehrere mögliche Telefonnummern für eine Nachricht in den Kontakten hinterlegt sind, können Sie auch sofort die gewünschte Nummer beim

Namen nennen, also zum Beispiel mit „Schick eine Nachricht an die Mobilnummer meiner Frau ...".

Wie beim Telefon fragt Siri auch bei den Nachrichten noch einmal nach, wenn eine Anweisung mehrere Interpretationen ermöglicht. Sagen Sie „Neue Nachricht an Peter ich komme gegen 9" und haben „Peter" in den Kontakten nicht als eindeutigen Spitznamen festgelegt, zeigt Ihnen Siri zuerst alle Einträge in Ihren Kontakten, die „Peter" heißen und fragt nach, welchen dieser verschiedenen Peters Sie meinen.

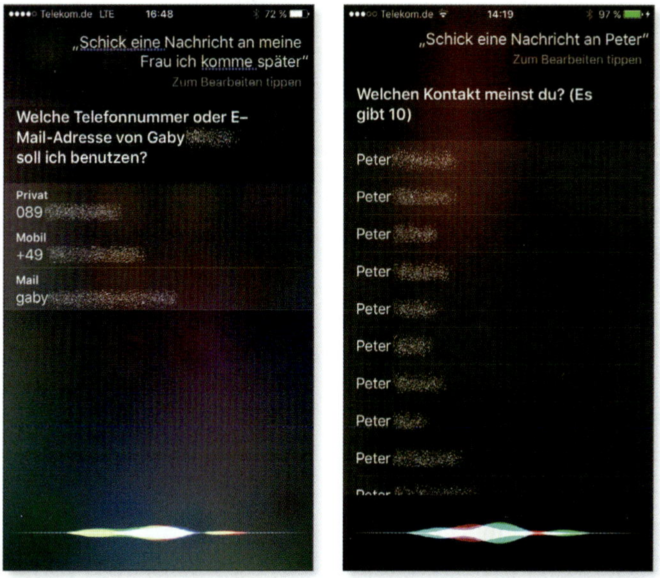

Wenn Siri nicht sicher ist, an welche Telefonnummer eine Nachricht geschickt werden soll oder welchen Empfänger Sie meinen, fragt Siri noch einmal nach.

Wenn Sie auf diesem Weg eine Nachricht schreiben, dann müssen Sie eigentlich nur auf eines achten: nämlich darauf, dass alles, was Sie nach dem Empfängernamen sagen, von Siri als Nachrichtentext interpretiert wird. Sagen Sie „Sende eine SMS an meine Frau, dass ich etwas später komme", dann ist das zwar grammatisch korrekt, wird von Siri aber nicht verstanden. Siri macht daraus die Nachricht „dass ich etwas später komme". Das ist für den Empfänger zwar noch verständlich, wird aber wohl doch Irritationen auslösen.

Möchten Sie nicht in diese Formulierungsfalle stolpern oder vor dem Diktieren der Nachricht noch kurz über den Text nachdenken, dann schreiben Sie die Nachricht einfach in mehreren Schritten. Mit „Neue Nachricht an Giesbert Damaschke" weisen Sie Siri zuerst an, eine neue Nachricht an den Empfänger aufzusetzen. Anschließend fragt Siri nach, was Sie dem Empfänger schreiben möchten und Sie können Ihren Text diktieren. Auf das Kommando „Neue Nachricht“ oder „Neue SMS“ reagiert Siri zuerst mit der Nachfrage, an wen die Nachricht geschickt werden soll, um Sie anschließend nach dem Inhalt zu fragen. Das funktioniert auch andersherum, Sie können also zuerst mit „Schreibe eine neue Nachricht“ den Text diktieren und anschließend den Empfänger nennen.

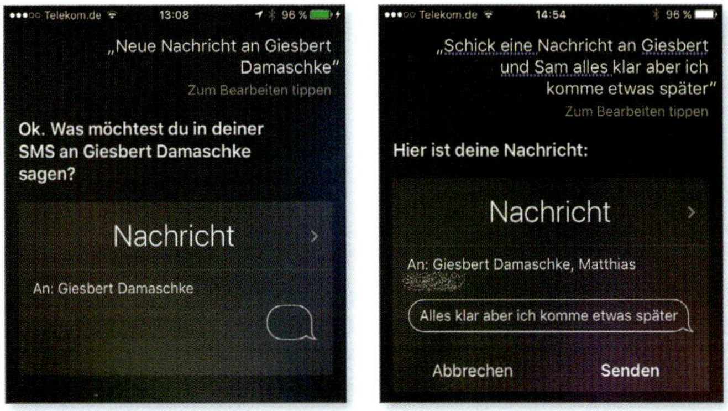

Wenn Sie zuerst nur den Empfänger nennen, ist die Formulierung einer eindeutigen Nachricht etwas leichter. Bei mehreren Empfängern müssen Sie darauf achten, alle Empfänger mit „und“ anzuführen.

Es sind auch Nachrichten an mehrere Empfänger möglich, etwa „Schick eine SMS an meine Frau und Peter ...“. Möchten Sie eine Nachricht an mehr als zwei Personen schicken, müssen Sie die Empfänger ebenfalls jeweils mit einem „und“ anfügen, zum Beispiel so: „Schick eine SMS an Peter und Gaby und Georg“. Andernfalls versteht Siri Sie falsch. Aus „Schick eine Nachricht an Peter, Gaby und Georg“ wird eine SMS an Peter mit dem Text „Gaby und Georg“.

Damit Siri Nachrichten korrekt adressieren kann, müssen die Empfänger natürlich in Ihren Kontakten eingetragen sein. Aber es ist auch möglich, an fremde Empfänger eine Nachricht zu schicken – vorausgesetzt, Sie kennen die Handynummer. In diesem Fall geben Sie die Nummer einfach an, etwa so: „Neue Nachricht an 0123 456789“.

Nachrichten vorlesen lassen und beantworten

Mit Siri können Sie nicht nur Nachrichten schreiben, sondern Sie können sie sich auch – etwa unterwegs mit dem Headset – vorlesen lassen und auch gleich beantworten. Mit „Habe ich neue Nachrichten“ informiert Sie Siri über neu eingetroffene Nachrichten und liest sie Ihnen auch vor. Das geht auch mit Nachrichten von bestimmten Personen. Mit „Zeige mir die neueste Nachricht von Giesbert Damaschke" liest Siri Ihnen die letzte (auch bereits gelesene) Nachricht des Absenders vor. Beim Vorlesen werden eventuell benutzte Emoticons und Emojis in Text umgewandelt, was mitunter zu skurrilen Ergebnissen wie „grinsend mit zusammengebissenen Zähnen" führt. Bei zurückliegenden Nachrichten nennt Siri auch das Datum der Nachricht („Du hast fünf Nachrichten von Peter vom letzten Donnerstag").

Nachrichten werden nicht auf dem Display angezeigt, sondern von Siri vorgelesen. Anschließend können Sie dem Absender direkt antworten oder auch anrufen.

Anschließend fragt Siri nach, ob Sie eine Antwort schicken möchten. Beantworten Sie die Frage mit „Ja", können Sie nun eine Antwort an den Absender diktieren und anschließend abschicken.

Was mit einer Nachricht funktioniert, funktioniert auch mit allen Nachrichten eines Absenders. Auf „Zeige mir alle Nachrichten von Max Mustermann" reagiert Siri zuerst mit der Anzahl der Nachrichten („Du hast sechs Nachrichten von Max Mustermann"), anschließend werden alle Nachrichten vorgelesen.

Sie können aber nicht nur auf eine Nachricht mit einer anderen Nachricht antworten, sondern auch mit einem Anruf. Dabei hilft Ihnen, dass Siri kontextabhängige Formulierungen versteht. Sobald Siri Sie fragt, ob Sie antworten möchten, sagen Sie „Ruf ihn (bzw. sie) an" oder „Ruf ihn (bzw. sie) mit FaceTime an".

Mit iOS 10 hat Apple Siri für Programmierer geöffnet. Sollten Sie also WhatsApp nutzen, dann können Sie über das Sprachkommando „Sende Martin eine WhatsApp-Nachricht" dies initialisieren. Das Ganze funktioniert aber nur dann, wenn Sie WhatsApp für Siri aktiviert haben: *Einstellungen –> Siri –> App-Support.*

Mail

Mit Siri lassen sich auch problemlos E-Mails schreiben. Zwar sind lange Texte nicht möglich, aber für einen kurzen Statusbericht oder eine rasche Antwort reicht es auf jeden Fall. Obendrein kann Siri auch nach bestimmten Mails suchen und sie Ihnen zeigen oder auf Wunsch auch vorlesen. Allerdings hat Siri dabei ausschließlich Zugriff auf den Posteingang. Haben Sie mehrere Accounts eingerichtet, kann Siri auf alle Posteingangsfächer der Accounts zugreifen.

Mails schreiben und senden

Das Schreiben (oder genauer: das Diktieren) einer Mail geht so einfach wie ein Anruf oder eine Nachricht via Siri. Sie sagen etwa „Neue Mail an Giesbert Damaschke Betreff das ist ein Test“ – schon legt Siri eine Mail an den Empfänger mit dem Betreff „Das ist ein Test“ an und fragt Sie nach dem Inhalt.

Dabei arbeitet Siri ähnlich wie beim Telefon oder bei den Nachrichten – wenn eine Aufforderung nicht eindeutig zu interpretieren ist, fragt Siri nach. Haben Sie zum Beispiel mehrere E-Mail-Adressen für eine Person hinterlegt, fragt Siri Sie zuerst, welche Adresse Sie benutzen möchten. Haben Sie Siri mit „Neue Mail“ nur zum Anlegen einer neuen Mail aufgefordert, möchte Siri zuerst den Empfänger wissen, anschließend müssen Sie gegebenenfalls noch die gewünschte Mailadresse angeben und dann diktieren Sie den Betreff.

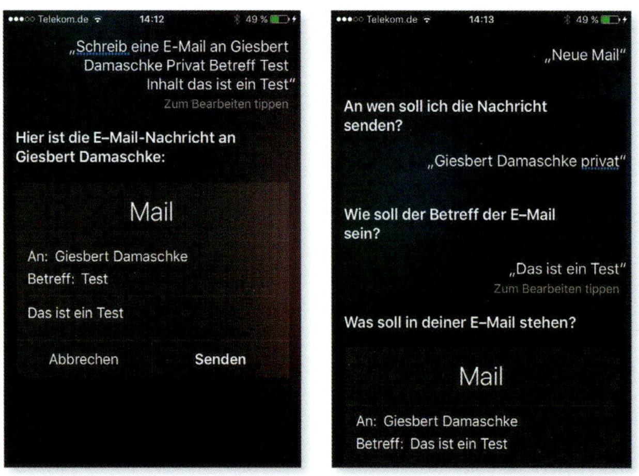

Es gibt viele Wege, eine neue E-Mail mit Siri zu schreiben. Sie können zum Beispiel alles in eine einzige Anweisung packen – oder der Reihe nach Schritt für Schritt festlegen.

Sobald diese Eckdaten festgelegt sind, fragt Siri Sie, was in Ihrer E-Mail stehen soll. Hier können Sie nun den Text diktieren, wobei die gleichen Steueranweisungen und Sonderzeichen eingesetzt werden können wie bei der Diktierfunktion, die in Kapitel 2 erklärt wird.

Sie können alle Informationen auch in eine einzige Aufforderung packen, etwa mit „Neue Mail an Peter Müller Privat Betreff Das ist ein Test Inhalt Ein kleiner Test von Siri“. Diese Anweisung erzeugt eine Mail an die Privatdresse von Peter Müller mit entsprechendem Betreff und Inhalt. Allerdings kann es hier schnell passieren, dass Siri ins Stolpern gerät. Auf der sicheren Seite sind Sie in der Praxis, wenn Sie Schritt für Schritt vorgehen und der Reihe nach eine neue Mail beginnen, den Empfänger angeben, den Betreff festlegen und anschließend den Inhalt diktieren.

Sie sollten Ihre E-Mail recht zügig diktieren und sich nicht erst während des Diktats überlegen, was Sie eigentlich schreiben möchten. Denn sobald Sie beim Diktat eine etwas längere (Denk)Pause machen, hält Siri das Diktat für beendet.

Wie bei der Diktierfunktion stoppt Siri das Diktat, sobald Sie ein paar Hundert Zeichen diktiert haben. Siri signalisiert dabei allerdings nicht das Ende der Aufnahme, sondern hält einfach an und wartet auf eine etwas längere Pause als Signal zum Beenden der Aufzeichnung. Für die Praxis bedeutet das, dass Sie sich bei Mails via Siri auf recht kurze und einfache Nachrichten beschränken sollten. Wenn Sie einen durchgehend längeren Text diktieren, sollten Sie das Display im Auge behalten – denn nur dort sehen Sie, ob Siri noch weiter dabei ist, Ihrem Diktat zu folgen und nicht still und heimlich stehengeblieben ist.

Es ist also gar nicht so einfach, eine Mail zu diktieren, die länger als ein paar kurze Sätze ist. Leider ist es nicht möglich, die Eingabe zu pausieren oder eine Mail nach dem Diktat um einen weiteren Absatz zu erweitern.

!

Vor Versand vorlesen: Es wäre schön, wenn Sie sich Ihre Mail vor dem Versand vorlesen lassen könnten. Das scheinen sich auch die Entwickler von Siri gedacht zu haben. Wenn Sie nach der Frage von Siri, ob die Mail jetzt gesendet werden soll, „Lies sie mir vor" sagen, reagiert Siri mit einem „Ok, hier ist deine E-Mail" – bleibt aber stumm. Hier handelt es sich offensichtlich um einen Fehler, der in einer neueren Version von iOS wohl behoben werden wird.

Nach dem Diktat können Sie die Mail mit dem Kommando „Senden“ abschicken oder mit „Abbrechen“ die Mail löschen. Da Siri nur Zugriff auf den Posteingang hat, ist es nicht möglich, eine Mail im Postfach „Entwürfe“ zu speichern. Immerhin können Sie mit der Anweisung „Betreff ändern“ oder „Nachricht ändern" Betreff und Inhalt nachträglich anpassen. Doch Vorsicht! Dabei wird der bestehende Betreff bzw. Inhalt nicht etwa erweitert oder bearbeitet, sondern einfach überschrieben.

> **!** **Standardaccount:** Haben Sie mehrere Mailaccounts eingerichtet, benutzt Siri für den Versand der Mail den Account, den Sie als „Standardaccount" bestimmt haben. Üblicherweise ist dies der erste Account, den Sie eingerichtet haben, aber das können Sie ändern. Wählen Sie dazu **Einstellungen -> Mail, Kontakte, Kalender** und dann unter **Standardaccount** den gewünschten Account.

Mails abrufen, suchen, vorlesen lassen und beantworten

Mit der einfachen Frage „Habe ich neue Mails" informiert Sie Siri über neue, ungelesene Mails in Ihrem Posteingang und zeigt sie in Kurzform an. Dabei ignoriert Siri die Einstellungen, die Sie unter *Einstellungen -> Mail, Kontakte, Kalender -> Vorschau* festgelegt haben und zeigt immer vier Zeilen an. In der ersten steht der Absender und das Datum, in der zweiten der Betreff der Mail, anschließend folgen zwei Zeilen vom Text der Mail.

Um eine bestimmte Mail zu lesen, tippen Sie sie einfach an. Sie können sie sich aber auch vorlesen lassen, wobei Siri schlau genug ist, bei mehreren Mails genau die gewünschte Mail zu finden. Denn falls mehrere neue Mails eingetroffen sind, nennt Siri deren Anzahl und zeigt die Liste der neuen Mails an. Hier können Sie sich nun mit „Lies die dritte Mail vor" genau auf die gewünschte Mail zugreifen.

Nach dem Verlesen einer Mail fragt Siri nach, ob Sie auf die gelesene Mail antworten möchten. Mit „Ja" legt Siri eine entsprechende Antwort an und fragt Sie nun, was Sie in der Antwort schreiben möchten. Sie müssen sich eine Mail aber nicht vorlesen lassen, um darauf zu antworten, Sie können Siri auch direkt anweisen. Wenn nur eine Mail angezeigt wird, genügt ein „Antworte auf diese Mail", bei mehreren Mails sagen Sie „Antworte auf die dritte Mail" oder ähnliches.

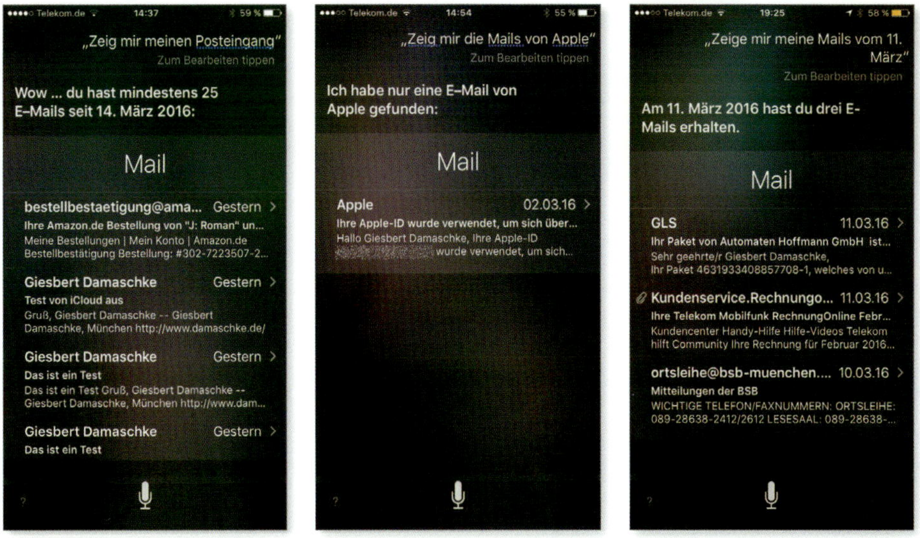

Sie können sich alle Mails in Ihrem Posteingang anzeigen lassen oder die Mails – etwa nach Absender – filtern. Bei der Anzeige des Posteingangs geht Siri allerdings nur rund 14 Tage zurück, ältere Mails lassen sich aber nach Angabe eines konkreten Datums suchen.

Das funktioniert alles nicht nur mit neuen Mails, sondern generell mit allen Mails in Ihrem Posteingang.

Dabei sind verschiedene Filter möglich, die auch kombiniert werden können (wobei Siri bei zu komplexen Kombinationen gern aus dem Tritt kommt):

- *Absender:* Mit „Zeig mir die neuen Mails von Peter" oder „Zeig mir alle Mails von Apple" zeigt Siri Ihnen die gewünschten Mails an.
- *Datum:* Mit Anweisungen wie „Zeig mir die Mails von gestern" oder „Zeig mir die Mails von letzten Dienstag" listet Siri die entsprechenden Mails auf. Dabei ist auch die Eingabe konkreter Daten möglich, etwa „Wie viele Mails habe ich am 27. März bekommen".
- *Betreff:* Auch der Inhalt der Betreffzeile kann von Siri ausgewertet werden. Mit „Zeig mir alles mit dem Betreff Test" werden die Mails gefiltert, in deren Betreff das Wort „Test" auftaucht.

Da Siri allerdings nur auf den Posteingang zugreifen kann, ist es nicht möglich, sich etwa die gesendeten Mails anzeigen zu lassen. Es ist auch nicht möglich, eine Mail zu löschen oder zu archivieren. Das müssen Sie in der Mail-App erledigen.

Bei der Suche und dem Filtern von Mails ist Siri erstaunlich flexibel. Allerdings kann Siri ausschließlich auf den Posteingang zugreifen.

Twitter und Facebook

Siri kann nicht nur telefonieren, Nachrichten und Mails verwalten, sondern auch Statusmeldungen bei Twitter und Facebook posten. Bei Twitter können Sie sich zudem die letzten Meldungen Ihres News-Feeds anzeigen lassen oder nach bestimmten Stichwörtern und Themen suchen.

Zugangsdaten eintragen

Damit Siri in Ihrem Namen bei Facebook oder Twitter posten und auf Ihren Nachrichten-Feed zugreifen kann, müssen Sie zuerst Ihre Zugangsdaten zu den sozialen Netzwerken in den Einstellungen hinterlegen:

1. Rufen Sie *Einstellungen –> Twitter* bzw. *Einstellungen –> Facebook* auf ❶.
2. Tragen Sie *Benutzername* und Ihr *Passwort* ein ❷. Bestätigen Sie mit einem Tipp auf *Return* ❸.
3. Sie können, aber Sie müssen nicht die App von Twitter bzw. Facebook installieren ❹.

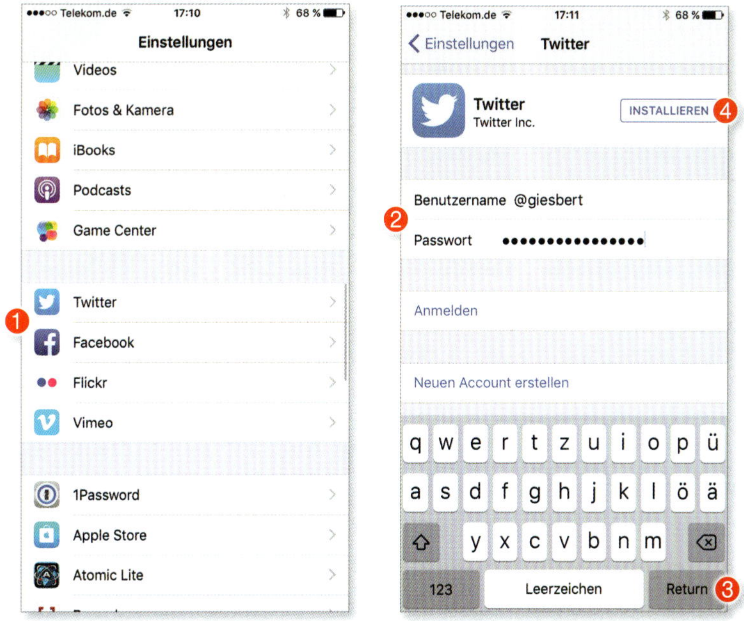

Bevor Siri auf Twitter oder Facebook zugreifen kann, müssen Sie Ihre Zugangsdaten in den Einstellungen hinterlegen.

!

Apps werden nicht benötigt: Twitter und Facebook bieten eigene Apps für iOS an, die Sie über den App Store oder auch direkt aus den **Einstellungen** heraus installieren können. Das ist aber nicht notwendig – Siri benötigt diese Apps nicht, sondern greift direkt via iOS auf Twitter bzw. Facebook zu.

Statusmeldungen posten

Sind die Zugangsdaten hinterlegt, können Sie sofort via Siri Statusmeldungen an die sozialen Netzwerke schicken. Beim ersten Zugriff auf Twitter fragt Siri nach, ob es die Zugangsdaten benutzen darf, bei Facebook ist diese Genehmigung nicht erforderlich. Falls Sie Siri die Zugriffsrechte bei Twitter wieder entziehen möchten, erledigen Sie das unter *Einstellungen –> Datenschutz –> Twitter.*

Bevor Siri auf Twitter zugreifen darf, müssen Sie es dem System erlauben. Anschließend steht einem Posting nichts mehr im Weg. Bei Facebook entfällt diese Nachfrage.

Ein Posting ist rasch abgesetzt, benutzen Sie dazu das Schlüsselwort „Poste" oder „Schreibe", gefolgt vom gewünschten Dienst und dem Inhalt Ihrer Statusmeldung. Also etwa: „Schreibe bei Twitter Schöne Grüße aus München" oder „Poste bei Facebook das ist ein Test". Vor dem Versand eines Tweets bzw. eines Facebook-Postings fragt Siri noch einmal nach, ob die Meldung verschickt werden soll. Mit „Senden" oder „Posten" macht sich das Posting auf seinen Weg, mit „Abbrechen" verschwindet es wieder im digitalen Nirwana.

Möchten Sie Ihre Statusmeldung ändern, sagen Sie „Bearbeiten", anschließend können Sie eine andere Nachricht diktieren.

Wie beim Telefon, bei Nachrichten oder Mail müssen Sie Ihre Statusmeldungen nicht in einem Rutsch diktieren, sondern können das etwas übersichtlicher auch aufteilen. Nach „Poste bei Twitter" bzw. „Schreibe bei Facebook" fragt Siri nach, was Sie Ihren Kontakten in den sozialen Netzwerken mitteilen möchten, und Sie können Ihre Meldung in Ruhe diktieren.

Bei Twitter suchen

Bei Facebook sind Siris Fähigkeiten auf das bloße Posten von Statusmeldungen beschränkt, bei Twitter können Sie auch gezielt suchen. Mit „Zeige meine Tweets" zeigt Ihnen Twitter Ihre letzten Tweets, mit „Suche auf Twitter nach München" werden entsprechend Tweets gezeigt, in denen das Stichwort „München" auftaucht.

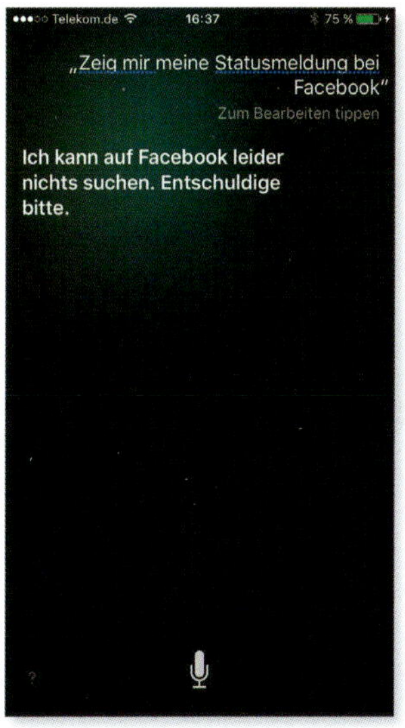

Bei Twitter können Sie gezielt nach Tweets suchen, bei Facebook ist das leider nicht möglich.

Tippen Sie einen der Treffer an, zeigt Siri den Tweet vollständig an und blendet einen *In Twitter anzeigen* ein. Haben Sie die Twitter-App installiert, wird der Tweet nach einem Tipp auf diesen Link in der App geöffnet. Andernfalls öffnet Siri in Safari die Webseite von Twitter.

Mit einem Tipp auf einen Tweet ❶ lassen Sie ihn sich komplett anzeigen, mit „In Twitter anzeigen" ❷ wird er in Safari oder, falls installiert, in der Twitter-App geöffnet.

Kapitel 5 Apps & Einstellungen

Apps starten und suchen

Mit Siri ist es kein Problem, eine beliebige App, die auf dem iPhone oder iPad installiert ist, zu starten oder zwischen Apps zu wechseln. Außerdem können Sie via Siri in Apples digitalen Kaufhäusern, also im App Store, dem iTunes Store und dem iBooks Store stöbern.

Apps aufrufen

Um eine App zu starten, suchen Sie zuerst das Symbol der gewünschten App auf dem Home-Bildschirm und tippen es an. Zum Wechseln zwischen Apps rufen Sie durch zweimaliges Drücken der Home-Taste den App-Wechsler auf und blättern so lange, bis Sie die gewünschte App sehen. Dieses Verfahren kann bei sehr vielen installierten Apps allerdings ein wenig zeitraubend sein. Mit Siri schnurrt der Aufruf oder Wechsel zwischen Apps zu einem einzigen Kommando zusammen: Sie rufen Siri mit einem etwas längeren Druck auf die Home-Taste auf und sagen „Öffne Fotos“ oder „Öffne iBooks“. Alternativ zu „Öffne ...“ können Sie auch „Starte ...“ benutzen. Möglich ist auch ein „Wechsel zu ...“, das aber im Grunde nichts anderes macht als „Öffne“ oder „Starte“.

Manche Apps lassen sich auch kurz und knapp durch bloße Namensnennung öffnen, etwa „Kontakte“, „Einstellungen“ oder „iBooks“. Das funktioniert aber nicht zuverlässig mit allen Apps: Bei der Anweisung „Mail“ oder „Nachrichten“ geht Siri davon aus, dass Sie eine Mail schreiben oder Ihre ungelesenen Nachrichten angezeigt bekommen möchten; die Anweisung „Karte“ lokalisiert Sie, wechselt aber nicht zur Karten-App. Diese Probleme umgehen Sie, wenn Sie ein Schlüsselwort – also „Öffne“, „Starte“ oder „Wechsel zu“ – benutzen.

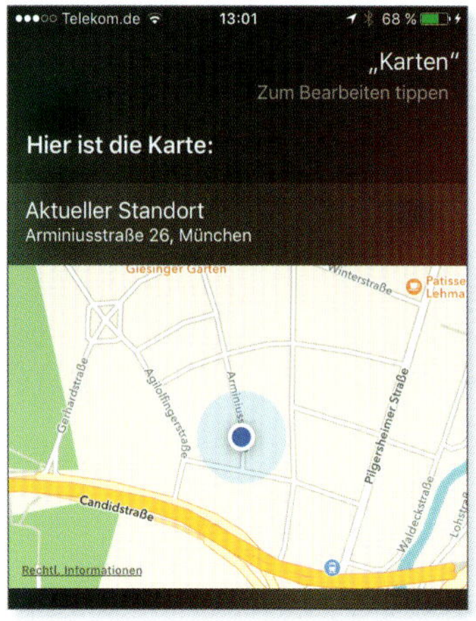

Apps können Sie über Siri zwar starten, aber nicht beenden (immerhin erkennt Siri, was Sie machen möchten). Manche Apps lassen sich durch bloße Namensnennung starten, andere – wie hier die App „Karten" – werden in diesem Fall allerdings innerhalb von Siri gezeigt, ohne dass Siri zur App wechselt.

Dabei sind Sie nicht nur auf die standardmäßig vorhandenen Apps beschränkt, sondern können jede installierte App starten. Da viele Apps englische und mitunter auch sehr ungewöhnliche Namen haben, könnte man argwöhnen, dass der Aufruf solcher Apps via Siri nicht zuverlässig funktioniert. Schließlich ist Siri hierzulande auf deutsche Spracheingabe ausgelegt und hat immer mal wieder Probleme mit englischen Begriffen und Namen. Doch das ist meiner Erfahrung nach durchaus nicht der Fall. Nach einem Schlüsselwort wie „Öffne" oder „Starte" ist Siris Sprachverständnis nur noch auf die Namen der installierten Apps fokussiert – und hier werden englische Namen dann auch sehr zuverlässig erkannt.

! **Kein Schließen von Apps:** Apps können via Siri zwar geöffnet, aber nicht geschlossen oder beendet werden. Eine Anweisung wie „Schließe den App Store" wird zwar korrekt erkannt – Siri hat also verstanden, was Sie von dem System möchten –, aber abschlägig beschieden.

Den App Store durchsuchen

Wenn Sie nach Apps zu einem bestimmten Thema suchen, dann können Sie auch diese Aufgabe mit Siri erledigen. Dazu müssen Sie nicht erst die App-Store-App öffnen, sondern können Ihre Suchanfrage direkt an Siri übergeben. Sie starten eine Suche via Siri mit „Suche im App Store nach Kochbuch" oder

„Finde Twitter im App Store“. Sie können auch „Lade Twitter aus dem App Store“ sagen – aber die App wird dennoch nicht geladen, sondern es wird eine Suche gestartet.

In der Regel ist es egal, welches Schlüsselwort Sie benutzen, aber manchmal spielt es doch eine Rolle. Wenn ich auf meinem iPhone zum Beispiel Siri die Aufforderung gebe „Suche im App Store nach Apple“, dann öffnet Siri die App „Mein iPhone suchen“. Bei „Finde Apple im App Store“ reagiert das System dann so wie gewünscht.

Anders als man es von anderen Siri-Aktionen gewohnt ist, ist bei einer Suche im App Store übrigens keine mehrstufige Abfrage möglich. Sagen Sie „Suche im App Store“, dann fragt Siri nicht nach, was genau Sie im App Store suchen, sondern öffnet kurzerhand den App Store und Sie müssen Ihren Suchbegriff manuell eingeben (oder diktieren).

Einstellungen anpassen

Die Einstellungen sind die Steuerzentrale von iOS. Anfangs gab es hier nur eine Handvoll Schalter und Regler. Inzwischen sind die Einstellungen allerdings so stark erweitert worden, dass auch erfahrene Anwender sich dort nicht immer auf Anhieb zurechtfinden und manche versteckte Regler erst suchen müssen. Da trifft es sich gut, dass Sie einige Einstellungen direkt via Siri ändern, andere sich anzeigen lassen können.

Einstellungen ändern

Zu den Einstellungen, die via Siri geändert werden können, gehören:

- *Flugmodus:* „Schalte den Flugmodus ein“. Damit kappen Sie alle Online-Verbindungen, Siri ist anschließend also inaktiv. Daher fragt Siri noch einmal nach, bevor es den Flugmodus aktiviert. Diese Einstellung können Sie nur manuell wieder aufheben.
- *WLAN und Bluetooth:* Diese beiden Verbindungen lassen sich mit einer Anweisung wie „Schalte WLAN aus“ (bzw. „ein“) aus- und einschalten. Sie können Siri auch fragen, ob WLAN oder Bluetooth aktiv ist („Ist Bluetooth aktiv“).

- *Nicht stören:* Mit „Aktiviere Nicht stören" schalten Sie diese Funktion ein, mit „Schalte Nicht stören aus" sind Sie wieder für jeden erreichbar.
- *Helligkeit:* Auch die Display-Helligkeit lässt sich mit einer Anweisung wie „Setze die Display-Helligkeit auf Maximum" oder „Reduziere die Display-Helligkeit" über Siri steuern. Hier funktionieren auch Anweisungen wie „Mach das Display heller".
- *Night Shift:* Die mit iOS 9.3 eingeführte Darstellung „Night Shift" (bei der der Blauanteil des Displays reduziert und die Darstellung generell etwas wärmer und augenfreundlicher wird) kann über Siri ein- und ausgeschaltet werden, etwa mit „Schalte Night Shift ein".
- *Stromsparmodus:* Auch der Stromsparmodus lässt sich via Siri ein- und ausschalten („Aktiviere Stromsparmodus" oder „Schalte Stromsparmodus aus").

Bei (fast) jeder Einstellung, die von Siri geändert wurde, erscheint auf dem Display ein entsprechender Schalter bzw. Regler, über den Sie die entsprechende Einstellung selbst anpassen oder auch rückgängig machen können.

Eine Reihe von zentralen Einstellungen können Sie direkt via Siri ändern. Die entsprechenden Steuerelemente wie Schalter oder Regler werden dabei angezeigt, so dass Sie die Einstellung auch nachträglich noch manuell anpassen oder wieder rückgängig machen können. Mit einem Tipp auf „Einstellungen" öffnen Sie den jeweiligen Menüpunkt in der Einstellungen-App.

!

Keine Taschenlampe: Im Internet kursiert mitunter die Behauptung, Siri könne auch die Taschenlampe des iPhones aktivieren. Das ist leider nicht richtig, Siri erkennt zwar, was Sie möchten, kann Ihrem Wunsch aber nicht entsprechen. Vielleicht ändert Apple das in einer späteren Version von iOS – aber mit iOS 9.3 ist dies derzeit nicht möglich.

Möchten Sie eine Einstellung ändern, auf die Siri keinen Zugriff hat (etwa: „Aktiviere persönlicher Hotspot", „Schalte die Ortungsdienste aus" oder „Ändere den Klingelton"), informiert Sie Siri darüber, dass Sie das manuell machen müssen, und bietet Ihnen oft einen Link zu den entsprechenden Einstellungen oder eine Erklärung, wie Sie die Einstellung anpassen können. Nur manchmal lässt Sie Siri hier im Stich und begnügt sich mit einer Entschuldigung. Versuchen Sie übrigens, Siri selbst auszuschalten, gibt Siri Ihnen eine Reihe lustiger Antworten – probieren Sie es ruhig einmal aus.

Wenn Siri keinen Zugriff auf die gewünschte Einstellung hat, bietet es Ihnen häufig einen Link zu den Einstellungen oder eine Erklärung, wie Sie vorgehen müssen. Mitunter ist Siri aber zu maulfaul und entschuldigt sich lediglich ohne weitere Hilfestellung.

Einstellungen anzeigen

Siri ist auch dann hilfreich, wenn Sie eine Einstellung nicht direkt über die Spracheingabe konfigurieren können. Dann nämlich, wenn Sie mit Siri einen Punkt der Einstellungen gezielt ansteuern.

Die Einstellungen selbst öffnen Sie so, wie Sie jede andere App auch öffnen, also mit „Öffne die Einstellungen" oder auch „Zeig mir die Einstellungen". Um einen bestimmten Menüpunkt aufzurufen, genügt in der Regel eine Formulierung wie „Zeig mir die Einstellungen für Datenschutz", „Zeig mir die Einstellungen für Töne" oder „Zeig mir die Einstellungen für Notizen". Manchmal müssen Sie die Anweisung umformulieren, damit Siri versteht, was Sie meinen, etwa: „Zeig mir die iCloud-Einstellungen" oder „Zeig mir die Batterie-Einstellungen". Auf den Punkt „Einstellungen –> Mail, Kontakte, Kalender" greifen Sie nicht mit „Zeig mir die Einstellungen Mail Kontakte Kalender" zu, sondern indem Sie eine der drei Apps gezielt nennen, also zum Beispiel „Zeig mir die Mail-Einstellungen" oder „Zeig mir die „Kalender-Einstellungen".

Manche Apps tragen sich in den Einstellungen ein – und auch auf die Einstellungen dieser Apps können Sie mit „Zeig mir die Einstellungen von Quizduell" oder „Zeig mir die Einstellungen von WhatsApp" zugreifen.

Nützlich ist auch, dass Sie via Siri auch Unterpunkte in einem Menü direkt ansteuern können. Statt sich etwa über *Einstellungen –> Datenschutz –> Ortungsdienste* durchzuhangeln, können Sie auch einfach „Zeig mir die Ortungsdienste" sagen. Das gilt auch für die dynamische Textgröße, die Sie normalerweise über

Einstellungen –> Allgemein –> Textgröße regeln. Mit „Zeige die Textgröße" springen Sie umstandslos direkt in das entsprechende Untermenü. Möchten Sie die Bedienungshilfen aufrufen, geht das über Siri mit „Zeig mir die Bedienungshilfen" auch sehr viel schneller als mit dem Umweg über die Einstellungen.

Auch die unter *Einstellungen –> Allgemein* versteckten Einstellungen zu Siri lassen sich mit „Zeig mir die Einstellungen von Siri" direkt aufrufen.

Mitunter funktioniert dieses Vorgehen allerdings nicht, wobei man wohl davon ausgehen kann, dass es sich hier noch um Bugs, also Softwarefehler handelt. Waum Sie zum Beispiel die Anweisung „Zeig mir die Einstellungen von FaceTime" zu den gewünschten Einstellungen bringt, die Anweisung „Zeig mir die Einstellungen von Telefon" dagegen nur die erste Seite der Einstellungen öffnet, bleibt wohl das Geheimnis der Apple-Entwickler. Aber da Siri kontinuierlich weiterentwickelt wird, ist es wohl nur eine Frage der Zeit, bis auch diese Anweisungen korrekt umgesetzt werden.

Kapitel 6 Alltag organisieren

Kalender

Mit Siri können Sie problemlos Ihre Termine verwalten. Wie bei Mails oder Nachrichten ist es dabei möglich, entweder alle Angaben „in einem Rutsch“ zu diktieren oder der Reihe nach einzeln anzugeben. Zudem durchstöbert Siri blitzschnell Ihren Kalender nach beliebigen Terminen. Und natürlich ist es möglich, einen Eintrag im Kalender via Siri zu bearbeiten.

Termine eintragen

Termine lassen sich auf vielfältige Weise mit Siri in den Kalender eintragen, wobei Sie Siri nicht nur Datum, Uhrzeit und Anlass, sondern auch Teilnehmer und Orte diktieren können.

Daten lassen sich dabei sowohl absolut – „17. März“ – oder relativ – „nächsten Montag“ – angeben. Dabei zeigt Siri ein anfangs etwas verwirrendes Verhalten. Denn hier gilt es zu beachten, dass eine Angabe wie „Termin für Donnerstag“ sich auf den kommenden Donnerstag der aktuellen Woche, die Angabe „Termin für nächsten Donnerstag“ auf den Donnerstag der folgenden Woche bezieht. Sagen Sie also am Montag, 6. Juni 2016, „Termin für Donnerstag“, dann nimmt Siri Donnerstag, den 9. Juni; bei „Termin für nächsten Donnerstag“ trägt Siri den Termin dagegen am Donnerstag, den 16. Juni ein. Angaben wie „Montag in vier Wochen“ oder „übernächste Woche Freitag“ versteht Siri übrigens nicht. Wenn Sie auf Nummer sicher gehen wollen, sollten Sie also das konkrete Datum nennen, etwa: „Trage eine neue Besprechung für den 9. Juni um 11 Uhr ein“. Geben Sie eine Startzeit für den Termin, aber kein Ende an, legt Siri automatisch einen Termin mit einer Stunde Dauer an.

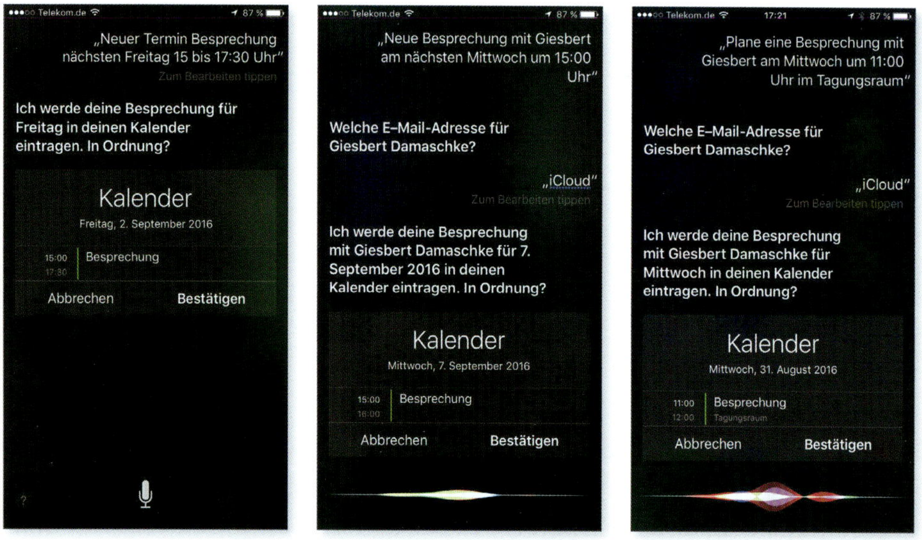

Neue Termine lassen sich problemlos anlegen, wobei Siri auch Teilnehmer und Orte eintragen kann.

Um einen Teilnehmer zum Termin hinzuzufügen, fügen Sie den Namen nach einem „mit" an, einen Ort fügen Sie nach dem Schlüsselwort „in" bzw. „im" hinzu, also etwa: „Plane eine Besprechung mit Giesbert am Mittwoch um 11 Uhr im Tagungsraum".

> **!** **Standardkalender:** Es ist nicht möglich, einen neuen Termin einem bestimmten Kalender zuzuweisen, da Siri auf jeden Fall den Standardkalender benutzt. Welcher das ist, legen Sie unter **Einstellungen -> Kalender** fest.

Am schnellsten geht es mit einer Anweisung wie „Neue Besprechung Montag 15 bis 16.30 Uhr". Siri erstellt daraufhin den entsprechenden Termin mit dem Betreff „Besprechung" und fragt Sie, ob er in den Kalender eingetragen werden soll. Einen ganztägigen Termin erstellen Sie auf ähnliche Weise, zum Beispiel mit „Neuer ganztägiger Termin nächsten Freitag Urlaub".

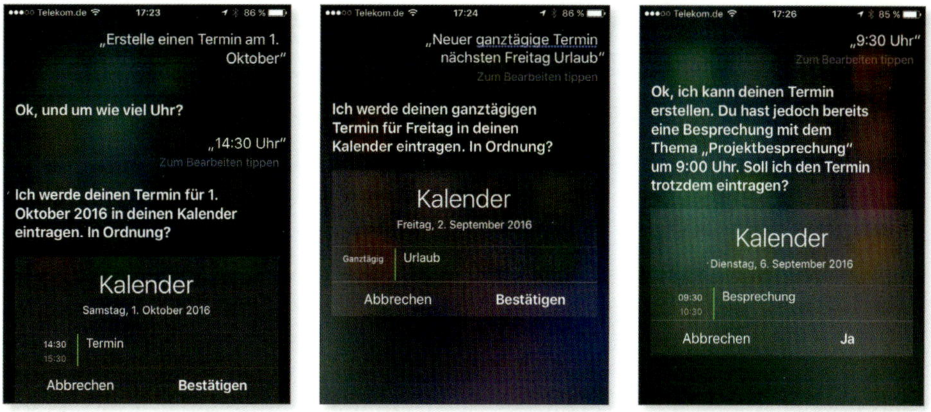

Fehlende Termindetails fragt Siri im Dialog ab. Auch ganztägige Termine lassen sich problemlos eintragen. Bei Terminkollisionen warnt Siri, kann den Termin aber trotzdem eintragen.

Wenn Sie einen Termin zusammen mit einem Kontakt eintragen möchten, ist auch das problemlos möglich, zum Beispiel mit „Neue Besprechung mit Thomas am nächsten Mittwoch um 15 Uhr". Falls der Teilnehmer bereits in Ihren Kontakten eingetragen ist, übernimmt Siri den Namen für das Feld *Teilnehmer* im Kalender-Eintrag und schickt eine Einladung an die in den Kontakten hinterlegte E-Mail-Adresse (falls mehrere Adressen eingetragen sind, fragt Siri vorher nach). Dieses Verhalten lässt sich leider nicht abstellen, es ist also nicht möglich, einen Eintrag wie „Besprechung mit Thomas" zu diktieren, ohne dass Siri eine Benachrichtigung verschickt, sobald eine Mail-Adresse vorhanden ist.

Nur wenn ein Eintrag nicht in den Kontakten steht oder dort keine Mail-Adresse eingetragen ist, wird ein Termin mit dem Titel „Besprechung mit Thomas" erstellt.

Falls Sie am angegebenen Termin bereits einen Eintrag im Kalender haben, weist Siri Sie auf die Terminkollision hin, kann den neuen Termin aber auf Wunsch natürlich trotzdem in den Kalender übernehmen.

Möchten Sie nicht alles auf einmal angeben, können Sie auch, wie von Mail oder Nachrichten gewohnt, die benötigten Daten der Reihe nach eintragen. Beginnen Sie zum Beispiel mit „Neue Besprechung", „Neuer Termin Zahnarzt" oder auch „Erstelle Zahnarzttermin". Anschließend fragt Siri im Dialog Datum und Uhrzeit ab und bietet Ihnen anschließend an, den Termin in den Kalender einzutragen.

Sobald Siri alle Daten beieinander hat, fragt es nach, ob der Termin eingetragen werden soll. Mit „Abbrechen" wird der Termin gelöscht, mit „Ja" oder „Bestätigen" trägt Siri den neuen Termin im Kalender ein. Zur Kontrolle wird Ihnen dabei der Termin auf dem Bildschirm gezeigt. Falls Sie es sich anders überlegt haben oder Sie Datum bzw. Thema des Termins ändern möchten, dann müssen Sie nicht abbrechen, sondern sagen „Termin bearbeiten". Siri fragt dann nach, ob die Zeit oder die Bezeichnung geändert werden soll. Über „Zeit ändern" geben Sie dem Termin ein neues Datum oder eine neue Uhrzeit, mit „Bezeichnung ändern" oder „Thema ändern" ändern Sie den Betreff des Termins.

Termine suchen

Auch bei der Suche nach Terminen ist Siri erstaunlich flexibel. Ein knappes „Termine" beantwortet Siri mit einer Liste der kommenden Termine der nächsten Tage. Sie können auch „Zeige mir meine Termine" sagen – nicht, weil es höflicher wäre (dergleichen Rücksichtnahme ist gegenüber einem Computer ja eher unnötig), sondern weil Siri so mehr Kontext bekommt und Ihren Wunsch unter Umständen besser versteht.

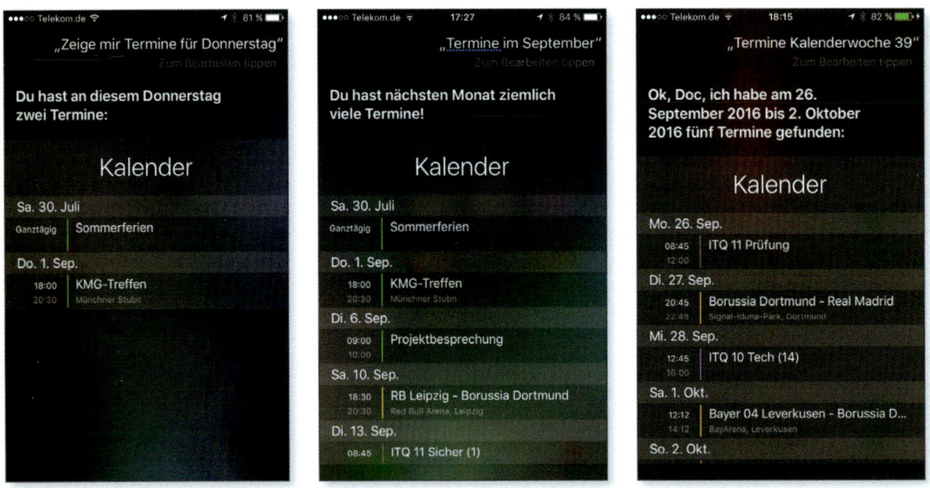

Termine lassen sich auf verschiedene Weise suchen und anzeigen. Sie können nach einem bestimmten Tag, einem Monat oder auch nach einer Kalenderwoche fragen.

Möchten Sie sich Ihre Termine gezielt anzeigen lassen, fragen Sie nach „Termine nächsten Donnerstag", „Termine im April" oder auch „Termin in der Kalenderwoche 25". Auch Anweisungen wie „Zeige mir meinen nächsten Termin", „Zeige meine Termine im Tagungsraum", „Zeige mir meine Termine Besprechung" oder Fragen wie „Habe ich am Freitag einen Termin", „Wo ist der Termin am Freitag" oder „Wann ist die Besprechung mit Thomas" stellen Siri vor keine größeren Probleme.

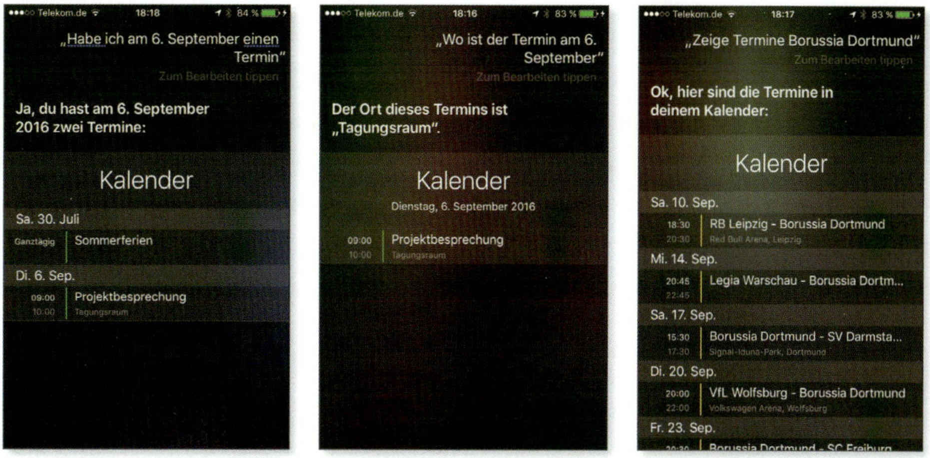

Termine lassen sich nicht nur nach Datum suchen, sondern auch nach Betreff bzw. Titel und Ort.

Jeden Termin, den Siri Ihnen anzeigt, können Sie antippen und so zur Kalender-App wechseln.

Während Siri beim Eintragen von Terminen nur Ihren Standardkalender berücksichtigt, werden sinnvollerweise bei der Abfrage von Terminen sämtliche Einträge in allen Kalendern durchforstet – und zwar unabhängig davon, ob Sie den jeweiligen Kalender in der Kalender-App ein- oder ausgeblendet haben.

Termine bearbeiten

Mit Siri lassen sich Termine nicht nur anlegen und suchen, sondern auch ändern. Allerdings sind die Möglichkeiten hier etwas eingeschränkt – sobald Ihr Terminkalender etwas voller ist und Sie an einem Tag mehrere Termine eingetragen haben, kommt Siri schon einmal ins Stolpern.

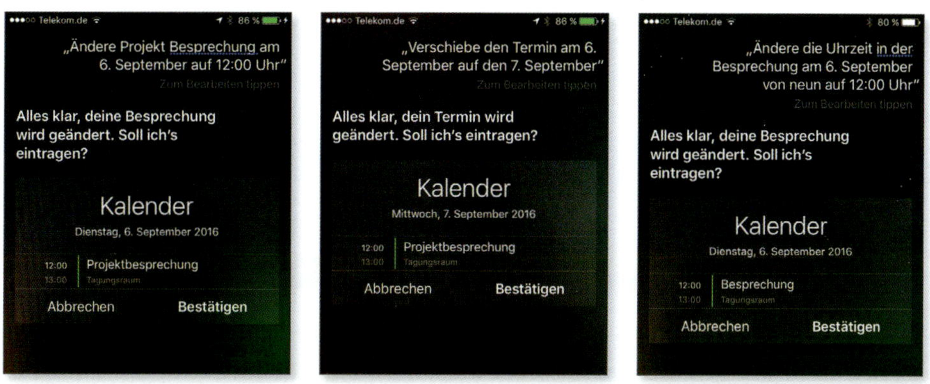

Termine lassen sich verschieben, neu terminieren oder auch um Teilnehmer erweitern.

Um etwa einen Termin „Besprechung" zu verschieben, sagen Sie zum Beispiel: „Verschiebe die Besprechung vom 8. auf den 15. April", wobei die Uhrzeit beibehalten wird. Um die Uhrzeit zu ändern, sagen Sie etwa „Ändere die Uhrzeit der Besprechung am 8. April auf 12 Uhr" oder „Verschiebe die heutige Besprechung von 15 auf 16 Uhr". Im Prinzip müsste Siri Sie auch verstehen, wenn Sie den alten Zeitpunkt auslassen, also einfach sagen „Verschiebe die heutige Besprechung auf 16 Uhr", in der Praxis erkennt Siri diese verkürzte Form allerdings nicht immer.

Auch Teilnehmer lassen sich nachträglich hinzufügen: „Füge Giesbert Damaschke zur Besprechung am 8. April hinzu". Hier sollten Sie nur darauf achten, den Namen des neuen Teilnehmers zuerst zu nennen, eine Anweisung wie „Füge zur Besprechung am 8. April Giesbert Damaschke hinzu" verleitet Siri oftmals zur irrigen Annahme, es solle am genannten Datum eine neue Besprechung mit dem genannten Teilnehmer eingetragen werden.

Ein Termin lässt sich mit Anweisungen wie „Lösche den Termin mit dem Betreff Besprechung", „Entferne die Besprechung um 14 Uhr" oder „Sag den Termin am 6. April ab" aus dem Kalender löschen. Wenn Siri mehrere Termine findet, auf die die Anweisung zutrifft, informiert Siri Sie, dass es nur einen Termin auf einmal löschen kann. In diesem Fall zeigt Ihnen Siri die möglichen Einträge, Sie können dann mit einem Fingertipp den gewünschten Termin löschen.

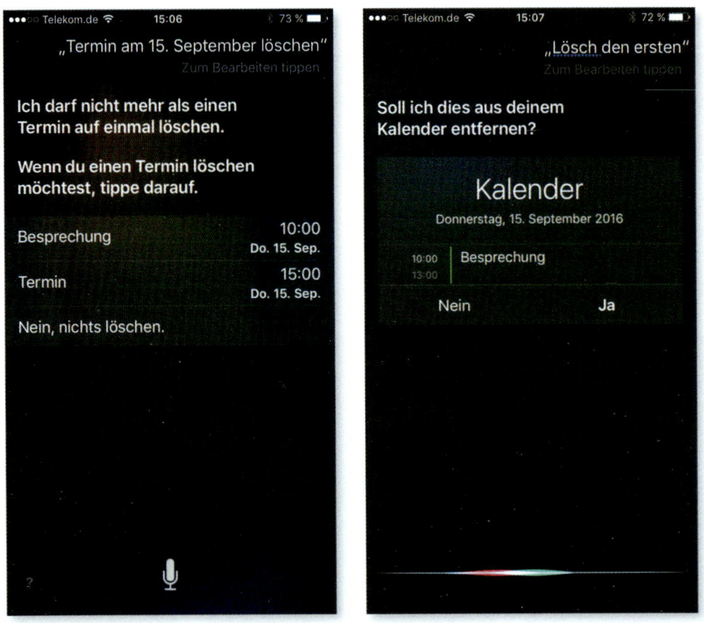

Einzelne Termine kann Siri auf Wunsch problemlos löschen, wobei auch Rückbezüge möglich sind. Sobald mehrere Termine betroffen sind, müssen Sie die Termine einzeln auswählen und entfernen.

Siri erkennt auch Rückbezüge, was bei einem vollen Terminkalender hilfreich sein kann. Nehmen wir an, Sie haben mehrere Termine „Besprechung" in Ihrem Kalender und möchten nun einen davon verschieben. In diesem Fall erkennt Siri auch mit Datumsnennung nicht immer korrekt, welchen Termin Sie meinen. Statt dessen zeigt Ihnen Siri dann mehrere Termine an und fordert Sie auf, den gewünschten Termin auszuwählen. Hier können Sie Siri ein wenig unter die Arme greifen. Lassen Sie sich dazu alle Termine eines bestimmten Tages anzeigen und sagen Sie dann „Verschiebe Besprechung auf Übermorgen". Jetzt erkennt Siri den gewünschten Besprechungstermin zuverlässig. Das funktioniert auch beim Löschen eines Termins. Lassen Sie sich etwa alle Termine für einen bestimmten Tag anzeigen und sagen Sie dann, „Lösch den ersten", weiß Siri, welchen Termin Sie löschen möchten.

Kontakte und Freunde

Anders als bei Kalendereinträgen lassen sich neue Kontakte via Siri nicht hinzufügen. Aber es ist möglich, sich einen Eintrag anzeigen zu lassen oder auch gezielt nach bestimmten Informationen zu fragen. Nutzen Sie und Ihre Freunde die App *Freunde*, dann können Sie via Siri auch rasch erfahren, wo sich ein Bekannter oder Freund aktuell aufhält.

Kontakte suchen

Bei der Suche nach Kontakten bzw. Kontaktdaten können Sie nach allen zentralen Details eines Eintrags und natürlich auch nach einem vollständigen Eintrag suchen. Dabei wertet Siri auch Beziehungen aus, Sie können also zum Beispiel „Wie ist die Privatnummer meines Bruders" fragen und Siri antwortet (wie Sie mit Siri persönliche Beziehungen zwischen sich und anderen Personen setzen, erfahren Sie in Kapitel 1).

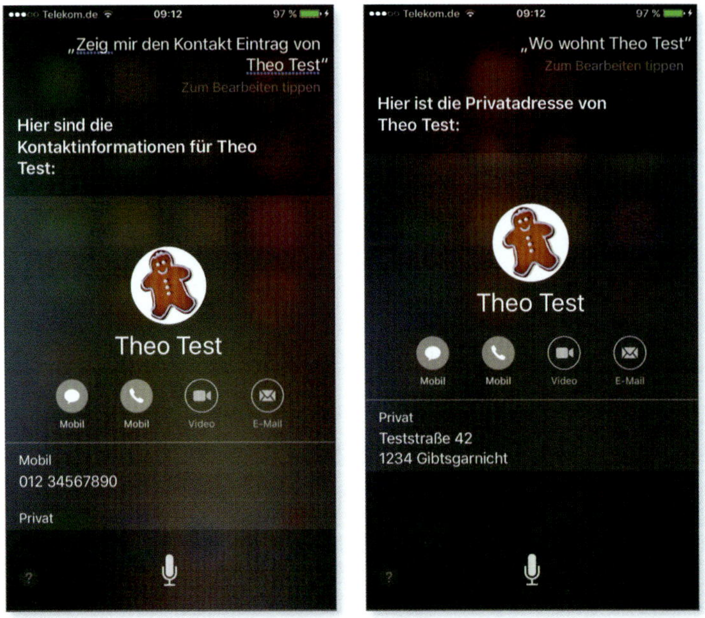

Kontakte lassen sich vollständig anzeigen, Sie können sich aber auch auf bestimmte Informationen beschränken.

Mit einer Anweisung wie „Zeige mir den Kontakteintrag von Giesbert Damaschke" präsentiert Ihnen Siri den kompletten Eintrag. Anschließend können Sie mit „Schreibe ihm eine Nachricht", „Ruf ihn privat an" oder ähnlichen Anweisungen Kontakt aufnehmen.

Um eine bestimmte Information zu einem Kontakt zu bekommen, müssen Sie nur danach fragen: „Wann hat Theo Test Geburtstag", „Wie lautet die E-Mail-Adresse von ...", „Wie ist die Adresse von ..." oder auch ganz einfach „Wo wohnt ...". Es ist auch möglich, sich alle Einträge zu einem bestimmten Vor- oder Nachnamen anzeigen zu lassen („Suche nach Meier in meinen Kontakten"). Siri zeigt daraufhin alle Treffer an, und Sie können entweder per Fingertipp oder Spracheingabe den gewünschten Kontakt spezifizieren.

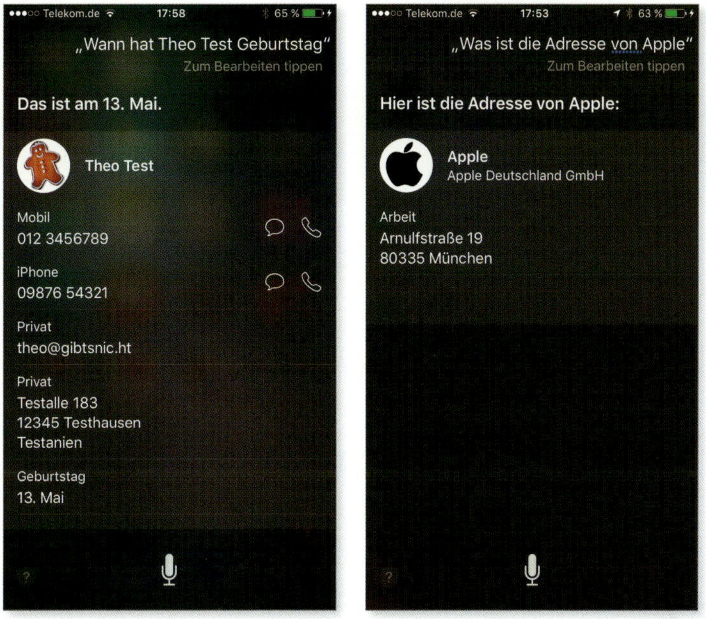

Manche Details wie etwa ein Geburtstagsdatum nennt Siri Ihnen, zeigt aber dennoch den vollständigen Eintrag. Damit Siri Firmen findet, muss der Firmenname als Nachname eingetragen sein.

> **Keine Firmeneinträge:** Reine Firmeneinträge werden über Siri nicht gefunden. Haben Sie Ihre Adressen zum Beispiel mit der Kontakte-App auf dem Mac synchronisiert und dort bei der Adresse von Apple Deutschland das Feld **Firma** aktiviert, ist Siri bei einer Frage wie „Wie ist die Adresse von Apple Deutschland" ratlos. Damit Firmeneinträge gefunden werden, müssen die Firmennamen als Nachname eingetragen sein.

Freunde finden

Über die App *Freunde* können Sie sich jederzeit darüber informieren, wo sich Ihre Freunde oder Verwandten aktuell aufhalten. Vorausgesetzt, Ihre Freunde sind bei iCloud angemeldet und haben Ihnen die Benutzung ihrer Standortdaten explizit erlaubt. Dazu muss die Standortfreigabe aktiviert werden, was Sie unter *Einstellungen –> Datenschutz –> Ortungsdienste –> Standort teilen* erledigen. Leider kann Siri Ihnen hier die Tipparbeit nicht vollständig abnehmen, aber immerhin lässt sich der Weg mit „Zeig mir die Ortungsdienste" ein wenig abkürzen.

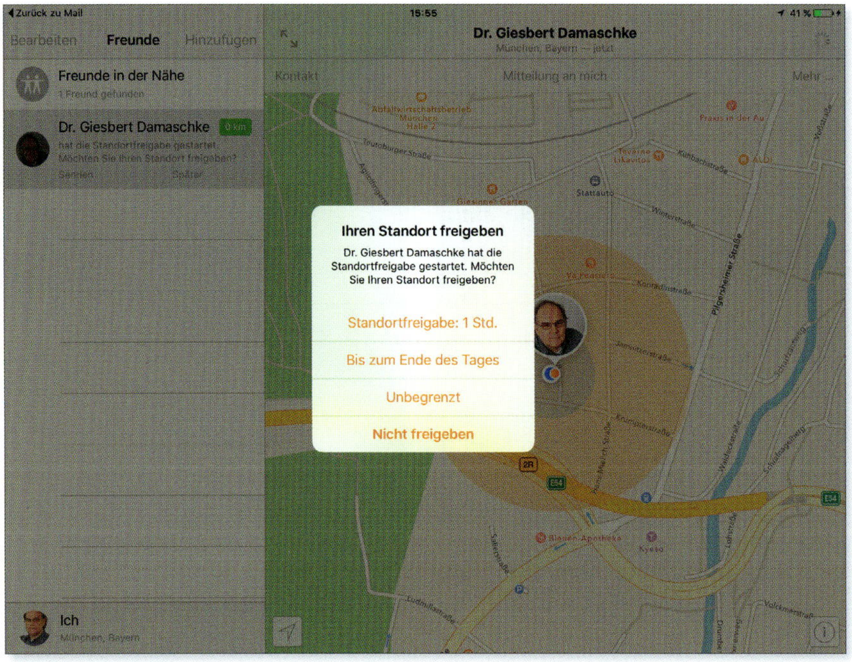

Um die Freunde-App zu nutzen, müssen Sie in den Einstellungen die Standortfreigabe aktivieren. Anschließend können Sie Ihren Standort für Ihre Freunde freigeben, wobei sich die Dauer der Freigabe wählen lässt.

Um die Freunde-App zu nutzen, geben Sie zuerst Ihren Standort für Ihre Freunde frei. Tippen Sie dazu in der App auf *Hinzufügen* und geben Sie den Namen bzw. die iCloud-Adresse des Bekannten ein. Anschließend legen Sie fest, wie lange die Standortfreigabe aktiv sein soll: *1 Std.*, *Bis zum Ende des Tages* oder *Unbegrenzt*. Ihr Freund erhält nun in der Freunde-App die Mitteilung, dass Sie Ihren Standort für ihn freigegeben haben, und kann nun seinerseits seinen Standort für Sie freigeben. Sobald die gegenseitigen Freigaben aktiv sind, lassen sich die Informationen aus der Freunde-App auch über Siri abrufen, ohne die App starten zu müssen. Hier sind Fragen wie „Wo ist Giesbert" oder „Ist Giesbert zuhause" möglich, aber auch „Wer ist in der Nähe" oder „Wo sind meine Freunde", wobei Sie natürlich auch Spitznamen und Beziehungen benutzen können: „Wo ist Sepp", „Ist meine Frau zuhause".

Siri beantwortet diese Fragen etwa mit „Ja, Giesbert scheint zuhaus zu sein" oder „Drei von deinen Freunden sind in der Nähe". Dabei wird eine Karte mit der aktuellen Position oder eine Liste der Freunde angezeigt. Ein Tipp auf die Anzeige öffnet die Freunde-App. Sie können auch mit einer direkt folgenden Anweisung wie „Schreib ihm eine E-Mail" oder „Ruf sie an" Kontakt zu Ihren Freunden aufnehmen.

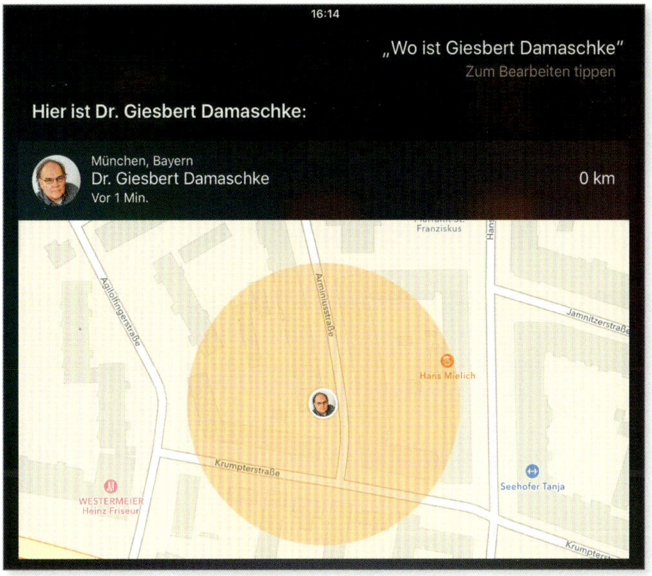

Sobald die gegenseitigen Freigaben aktiv sind, können Sie Ihre Freunde auch über Siri lokalisieren.

Erinnerungen

Die *Erinnerungen*-App bietet Ihnen eine einfache, aber recht flexible Lösung, um Ihre alltäglichen Aufgaben in Form einer Todo-Liste in den Griff zu bekommen. Erinnerungen lassen sich mit Terminen versehen, zu denen Sie an die fällige Aufgabe erinnert werden – daher auch der Name der App –, und in Listen sortieren, damit Sie bei umfangreicheren Projekten nicht den Überblick über Ihre Aufgaben verlieren. Es ist auch möglich, sich über das Kontextmenü in den Apps Safari und Karten an aktuelle Webseiten oder Adressen erinnern zu lassen. Und natürlich können Sie diese Apps auch über Siri steuern.

Erinnerungen anlegen und organisieren

Eine neue Erinnerung ist rasch angelegt. Mit „Neue Erinnerung Bananen kaufen" oder „Erinnere mich daran Bananen kaufen" fügen Sie eine entsprechende Erinnerung der Standardliste hinzu. Welche Liste das ist, legen Sie unter *Einstellungen –> Erinnerungen* fest.

Möchten Sie der Erinnerung eine Uhrzeit hinzufügen, zu der Sie Ihr iPhone oder iPad an die Aufgabe erinnern soll, nennen Sie den gewünschten Zeitpunkt bei der Anlage der Erinnerung, etwa so: „Neue Erinnerung Kinokarten 19 Uhr". Natürlich lässt sich auch ein Tag angeben, etwa „Erinnere mich morgen um 15 Uhr an Einkaufen". Dabei sind auch Formulierungen wie „Dienstag, 15 Uhr", „nächsten Samstag" oder „am 5. Mai" möglich.

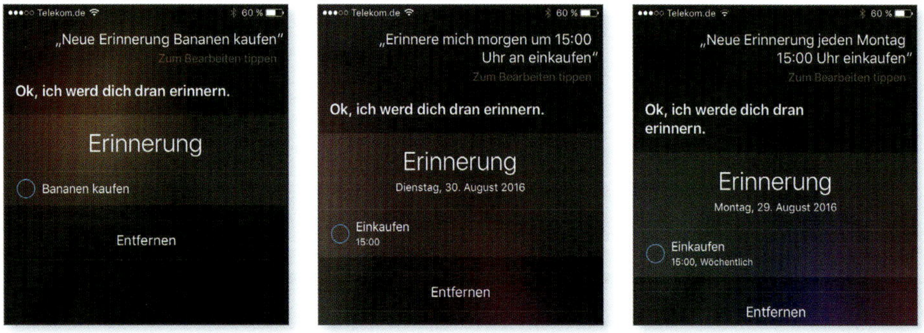

Siri kann einfache Erinnerungen, Erinnerungen mit Datum und Uhrzeit und auch regelmäßig wiederkehrende Erinnerungen anlegen.

Manche Aufgaben tauchen regelmäßig auf, und auch solche Aufgaben lassen sich mit Siri anlegen. Sie müssen lediglich das gewünschte Intervall hinzufügen, etwa „Neue Erinnerung jeden Montag 15 Uhr einkaufen".

Die Erinnerungen-App kann auch in Kombination mit Ihrem aktuellen Standort eingesetzt werden, um Sie zum Beispiel beim Verlassen der Wohnung daran zu erinnern, dass Sie jemanden anrufen wollten. Mit Siri geht das dann zum Beispiel so: „Neue Erinnerung Peter anrufen wenn ich die Wohnung verlasse".

Solange Sie nur eine Handvoll Erinnerungen haben, genügt die Standardliste „Erinnerungen", die die App von Haus aus mitbringt. Doch je mehr Aufgaben Sie erledigen möchten, desto unübersichtlicher wird die Liste. Hier empfiehlt es sich, die verschiedenen Aufgaben in verschiedenen Listen zu organisieren, etwa „Blog", „Geschenkideen", „Einkaufen", „Job" oder „Urlaub". Eine solche Liste lässt sich ebenfalls mit Siri anlegen, und zwar – wenig überraschend – mit diesem oder einem ähnlichen Kommando: „Erstelle eine neue Liste Urlaub".

Um bereits bei der Anlage einer Aufgabe diese Aufgabe einer bestimmten Liste zuzuordnen, nennen Sie die gewünschte Liste, etwa so: „Füge zur Liste Urlaub hinzu Prospekte besorgen".

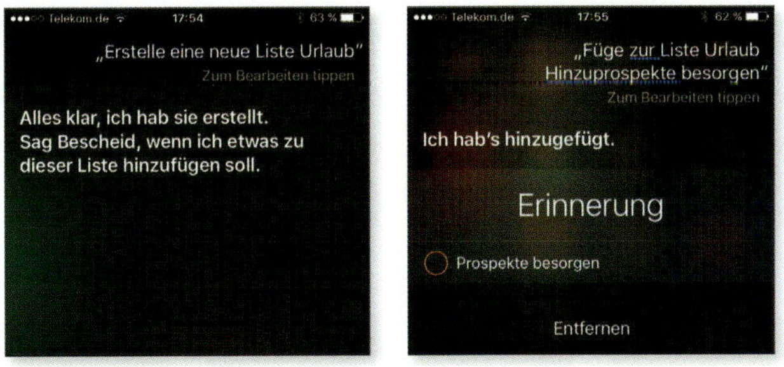

Mit Siri lassen sich Listen in „Erinnerungen" erstellen und neue Aufgaben gezielt einer Liste zuordnen. Das funktioniert auch dann, wenn Siri – wie in diesem Beispiel – die korrekt verstandene Anweisung in eher kreativer Form als Text darstellt.

Wie bei anderen Anweisungen an Siri können Sie auch Erinnerungen schrittweise anlegen. Nach der Anweisung „Neue Erinnerung" fragt Siri Sie, woran Sie erinnert werden möchten. Anschließend können Sie die Aufgabe diktieren („Einkaufen"), wobei Sie natürlich auch ein Datum und eine Uhrzeit angeben können: „Morgen 15 Uhr einkaufen". Möchten Sie die Erinnerung einer bestimmten Liste hinzufügen, nennen Sie diese Liste bei der ersten Anweisung, also etwa: „Neue Erinnerung in der Liste Lebensmittel".

Webseiten, Mails, Notizen und anderes merken

Die Erinnerungen-App kann auch aus anderen Apps angesprochen werden, was üblicherweise über das Bereitstellen-Menü (also die Taste mit dem Rechteck und dem Pfeil) passiert. Siri unterstützt diese Funktion ebenfalls, allerdings nicht in allen Apps, bei denen die Erinnerungen über das Menü erreichbar sind – aber dafür auch Mail, das diese Option standardmäßig überhaupt nicht zu bieten scheint.

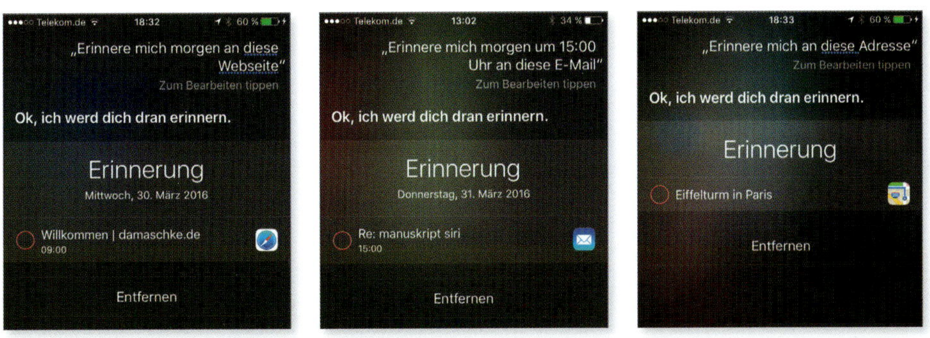

Siri kann Sie problemlos an Webseiten, Mails oder Adressen erinnern.

Das Vorgehen ist dabei bei allen unterstützten Apps identisch. Sie aktivieren Siri mit einem längeren Druck auf die Home-Taste und sagen etwa „Merk dir diese Webseite“ oder „Erinnere mich an diese Mail“. Es ist natürlich auch möglich, ein Datum und eine Uhrzeit anzugeben, etwa „Erinnere mich morgen 15 Uhr an diese Adresse“.

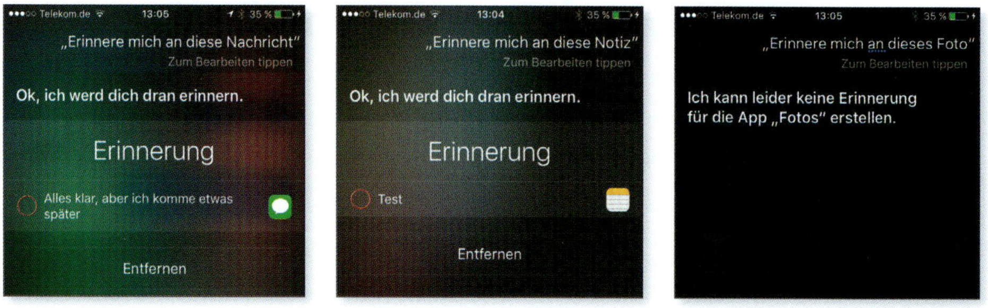

Werden die Erinnerungen für eine App nicht unterstützt, merkt Siri zwar, was Sie vorhaben, kann Ihnen aber leider nicht helfen.

Aktuell unterstützt Siri *Safari*, *Mail*, *Karten*, *Notizen* und *Nachrichten*. Bei anderen Apps wie etwa *Fotos* oder *iBooks* merkt Siri zwar, was Sie möchten, kann Ihnen aber nicht weiterhelfen. Es steht zu vermuten, dass Apple in einer späteren Version von Siri diese Fähigkeiten entsprechend erweitert.

Erinnerungen suchen, erledigen und löschen

Mit Siri lassen sich Erinnerungen nicht nur auf vielfältige Weise anlegen, sondern natürlich auch suchen oder vorlesen. Sie können via Siri Erinnerungen auch als erledigt markieren oder gleich löschen.

Das funktioniert exakt so, wie Sie sich das vermutlich gerade vorstellen, nämlich beispielsweise so: „Zeige mir meine Erinnerungen der Liste Urlaub“. Siri präsentiert Ihnen anschließend alle entsprechenden Einträge. Mit einem „Lies sie vor“ beginnt Siri damit, die einzelnen Erinnerungen vorzulesen, wobei das System nach drei, vier Einträgen nachfragt, ob es weitermachen soll – ansonsten könnte es ja passieren, dass Siri Ihnen eine schier endlos lange Liste vorliest.

Siri kann Ihnen Ihre Listen, aber auch gezielt einzelne Erinnerungen anzeigen – und natürlich auch gleich als „erledigt" markieren.

Natürlich können Sie auch gezielt nach einer bestimmten Erinnerung suchen, indem Sie Siri gezielt danach fragen: „Habe ich eine Erinnerung Sonnencreme". Falls eine entsprechende Erinnerung vorliegt, zeigt Siri Sie Ihnen an. Direkt im Anschluss an die Anzeige können Sie nun mit „Markiere diese Erinnerung als erledigt" die notierte Aufgabe abhaken, mit „Lösche diese Erinnerung" befördern Sie sie in den digitalen Papierkorb. Allerdings kann Siri keine Listen löschen.

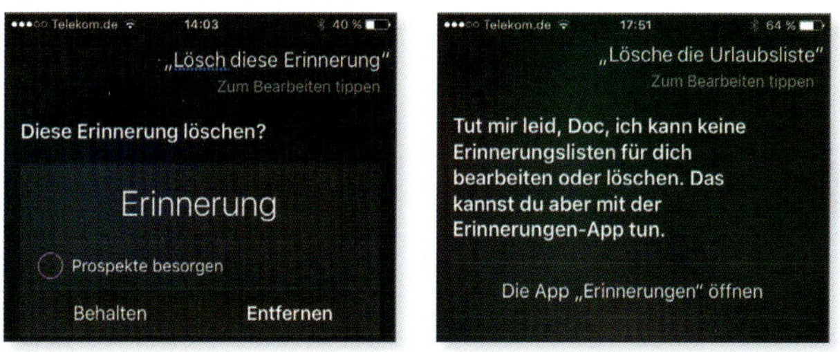

Siri kann zwar Erinnerungen löschen, aber keine Erinnerungslisten.

Die bisher gezeigten Beispiele haben allerdings einen kleinen Haken: Sie funktionieren nur, wenn Sie genau wissen, wie eine bestimmte Liste oder eine bestimmte Erinnerung heißt. Das ist aber nicht immer der Fall – gerade Erinnerungen, die schon etwas zurückliegen und um die Sie sich „irgendwann" kümmern wollten, verliert man schnell aus dem Blick.

Doch auch hier kann Ihnen Siri helfen. Möchten Sie wissen, welche Listen Sie in der Erinnerungen-App verwalten, genügt ein einfaches Kommando: „Finde meine Listen" oder auch „Zeige meine Listen". Siri präsentiert Ihnen daraufhin eine Übersicht über alle Ihre Listen. Sie können nun eine Liste antippen, woraufhin Siri Ihnen die dort eingetragenen Erinnerungen anzeigt.

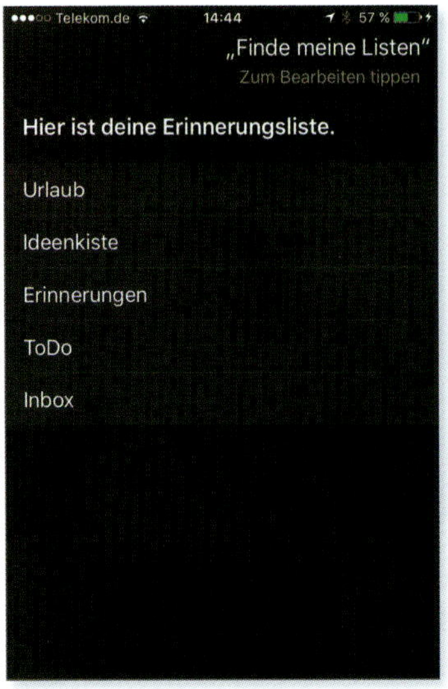

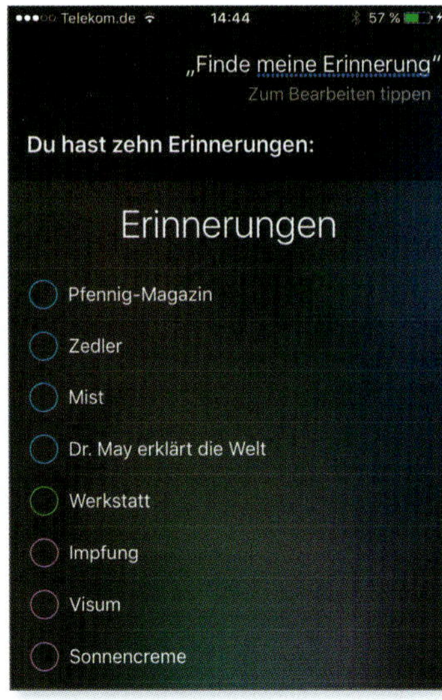

Haben Sie viele Listen in der Erinnerungen-App, sorgt Siri für den nötigen Überblick.

Möchten Sie eine Übersicht über sämtliche Erinnerungen angezeigt bekommen, ist auch das kein Problem: „Finde meine Erinnerungen" oder „Zeige meine Erinnerungen" präsentiert Ihnen eine entsprechende Übersicht. Tippen Sie hier einen Eintrag an, wechselt Siri zur Erinnerungen-App, wo die gewählte Erinnerung durch Fettung hervorgehoben wird.

Notizen

Die *Notizen*-App auf dem iPhone und iPad leistet genau das, was ihr Name verspricht: Sie ist Ihr digitaler Notizblock, in dem Sie jederzeit rasch alles notieren können, was Sie notieren möchten. Natürlich steht Ihnen hier ebenfalls Siri hilfreich zur Seite, wenn auch Siris Fähigkeiten im Umgang mit Notizen – im Vergleich etwa zu den Erinnerungen – ein wenig unterwickelt sind.

Notizen schreiben

Dank der Diktierfunktion (die in Kapitel 2 ausführlich vorgestellt wird) ist es kein Problem, mit Siri rasch eine kurze oder auch etwas längere Notiz anzulegen.

Eine neue Notiz legen Sie – wenig überraschend – mit der Anweisung „Neue Notiz“ an. Siri fragt Sie daraufhin, was es für Sie notieren soll, anschließend wird der diktierte Text als Notiz gespeichert. Wie von Mail oder Nachrichten gewohnt, können Sie natürlich auch alles auf einmal erledigen: „Notiere neues Buch von Arno Schmidt“. Anschließend zeigt Siri Ihnen die neu angelegte Notiz an. Tippen Sie die Anzeige an, wechselt Siri zur Notizen-App, wo die entsprechende Notiz geöffnet wird.

Notizen können „am Stück“ oder Schritt für Schritt von Siri erfasst werden.

> ! **Wo speichert Siri:** Leider ist Siri (noch) nicht in der Lage, auf die Ordner der Notizen zuzugreifen. Weder ist es möglich, neue Ordner anzulegen, noch können Sie neue Notizen gezielt in einem bestimmten Ordner ablegen. Siri speichert daher alle neuen Notizen im Standardordner **Notizen**.

Notizen suchen

Siri ist in der Lage, Ihre Notizen zu durchsuchen und Ihnen auf Wunsch auch vorzulesen. Dabei können Sie nach dem Inhalt einer Notiz suchen, aber auch nach dem Datum. Mit „Zeige mir meine Notizen“ listet Siri sämtliche Notizen auf (wobei auch gelöschte Notizen berücksichtigt werden). Tippen Sie eine Notiz an, wechselt Siri zur Notizen-App, wo die entsprechende Notiz angezeigt wird.

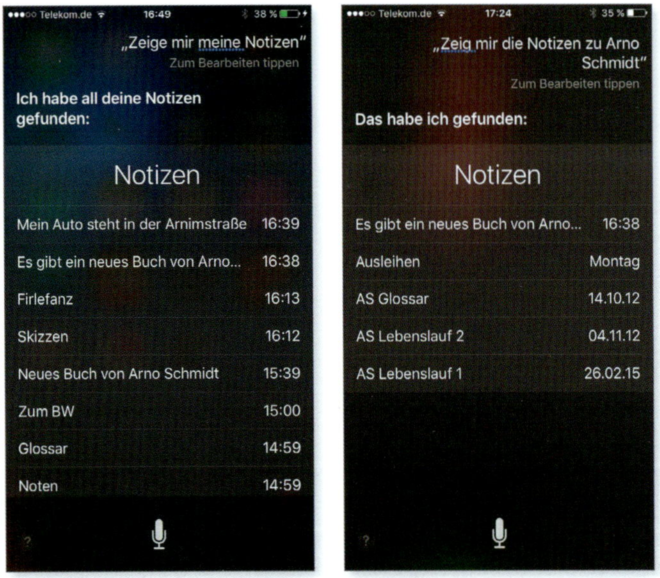

Siri kann Ihnen alle Notizen anzeigen oder gezielt die Notizen zu einem bestimmten Stichwort auswählen.

Doch Obacht! Auch wenn Siri behauptet, es habe alle Notizen gefunden, wird doch nur ein Ausschnitt gezeigt. Auf meinem iPhone sind aktuell zum Beispiel 78 Notizen gespeichert – aber mehr als 25 zeigt mir Siri nicht an.

> **!** **Sortierung der Notizen:** Siri zeigt die Notizen in der Sortierreihenfolge an, die unter **Einstellungen –> Notizen** festgelegt ist. Standardmäßig ist dies das Bearbeitungsdatum, die zuletzt bearbeiteten Notizen stehen also ganz am Anfang. In den Einstellungen können Sie aber auch einstellen, dass die Notizen nach dem Erstellungsdatum oder nach ihrem Titel sortiert werden.

Um die Notizen eines bestimmten Tages angezeigt zu bekommen, fügen Sie das gewünschte Datum hinzu, etwa mit „Zeige mir meine Notiz von gestern", „Finde die Notizen von letzter Woche" oder „Zeige die Notizen vom 5. März".

Notizen vorlesen lassen

Wenn Sie möchten, liest Siri Ihnen Ihre Notizen auch vor. Dazu sagen Sie etwa „Lies mir meine Notiz Rezepte vor". Siri durchsucht daraufhin Ihre Notizen, fischt die gewünschte Notiz heraus und liest sie Ihnen vor.

Die Sache hat allerdings einen kleinen Haken: Siri sucht nicht im Titel oder der ersten Zeile, sondern im kompletten Text einer Notiz. Hier passiert es dann sehr oft, dass Siri mehr als eine passende Notiz findet. In diesem Fall zeigt Ihnen Siri alle gefundenen Notizen an und beginnt damit, Ihnen die erste Notiz vorzulesen. Anschließend fragt Siri Sie, ob Sie die nächste Notiz vorgelesen bekommen möchten. Wenn die eigentlich gemeinte Notiz erst weiter unten in der Trefferliste steht, ist dieses Verfahren natürlich arg zeitraubend und nicht wirklich effektiv. Immerhin: Mit einer Anweisung wie „Lies die fünfte Notiz vor" oder „Lies die letzte Notiz vor" springt Siri direkt zur gewünschten Notiz.

Das funktioniert übrigens auch, wenn Sie sich zuerst eine Liste Ihrer Notizen anzeigen lassen. Sagen Sie etwa „Zeige mir meine Notizen Rezepte", präsentiert Ihnen Siri eine Liste aller Notizen, in denen „Rezepte" auftaucht. Anschließend können Sie sich mit „Lies mir die siebte Notiz vor" die siebte der angezeigten Notizen vorlesen lassen.

Notizen ergänzen

Manchmal möchte man eine Notiz um weiteren Text ergänzen – und auch das ist mit Siri möglich. Allerdings dürfen Sie hier nicht zu viel erwarten, in der Praxis ist das eher ein Glücksspiel.

Wenn Sie eine neue Notiz angelegt haben, geht das ganz einfach mit der Anweisung „Ergänze diese Notiz". Siri fragt dann nach, was zur Notiz hinzugefügt werden soll und aktualisiert die Notiz wie gewünscht.

Natürlich lassen sich auch bereits gespeicherte Notizen erweitern, allerdings ist Siri hier etwas eigenwillig. Sie teilen Siri zuerst mit, was Sie einer Notiz hinzufügen möchten, anschließend wählen Sie die Notiz, die ergänzt werden soll. Möchten Sie etwa einer Notiz „Einkaufsliste" einen weiteren Punkt hinzufügen, sagen Sie „Füge Eier meiner Einkaufsliste Notiz hinzu". Jede weitere Anweisung zum Hinzufügen von Texten bezieht Siri nun auf diese spezielle Notiz. Möchten Sie also eine andere Notiz ergänzen, dann ist es am einfachsten, wenn Sie Siri kurz verlassen und erneut aufrufen. Falls Siri nicht sicher ist, welche Notiz Sie meinen, präsentiert es Ihnen die ersten 25 Notizen (also das, was Siri unter „alle Notizen" versteht). Hier wählen Sie die gewünschte Notiz mit einem Fingertipp aus – Siri aktualisiert dann die Notiz.

Dabei kann es aber zu kuriosen Fehlern kommen. Sagen Sie „Füge Preis 19 Euro 95 der Arno Schmidt Notiz hinzu" und wählen Sie anschließend die gewünschte Notiz aus der Liste aus, dann wird die Notiz nicht um „Preis 19,95 €" ergänzt, sondern um „Preis 19,95 € der Arno Schmidt". Hier ist es praktikabler, zuerst „Füge [Text] der Notiz hinzu" zu sagen und anschließend die entsprechende Notiz anzutippen. In diesem Fall wird nur der gewünschte Text ergänzt.

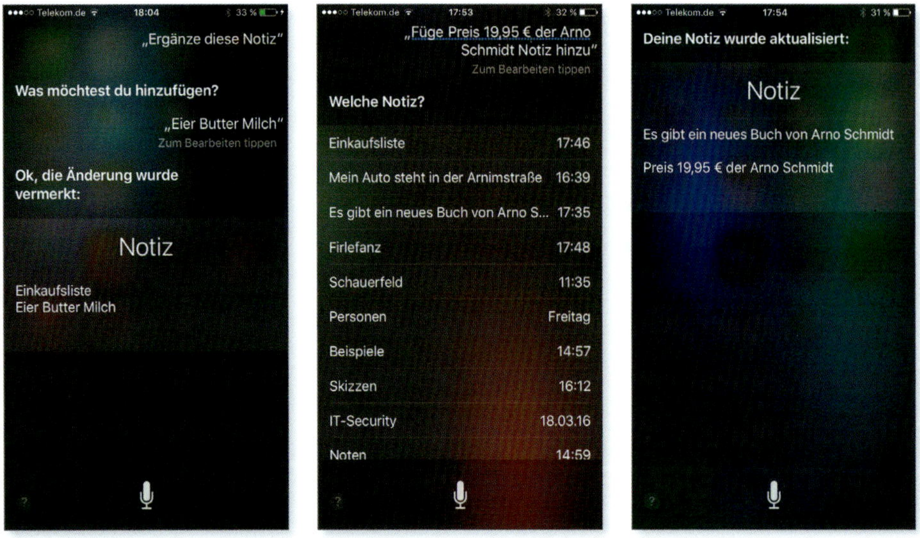

Am zuverlässigsten funktioniert die Ergänzung von Notizen dann, wenn Sie eine Notiz neu angelegt haben, bei bereits bestehenden Notizen kommt Siri mitunter auf eher seltsame Ideen.

Uhr

Die Uhr auf dem iPhone oder iPad kombiniert vier Funktionen:

- *Weltzeituhr:* Hier erfahren Sie die aktuelle Uhrzeit von praktisch jedem Ort weltweit.
- *Wecker:* Sie können beliebig viele Wecker für die unterschiedlichsten Zeiten einrichten und einzeln ein- bzw. ausschalten.
- *Stoppuhr:* Die Stoppuhr misst nicht nur die Zeit, sondern kann auch Zwischenzeiten (Runden) festhalten.
- *Timer:* Mit dem Timer können Sie Zeitspannen von 1 Minute bis zu 23 Stunden und 59 Minuten messen, damit etwa ein Dreiminuten-Ei auch wirklich nur drei Minuten kocht.

Bis auf die Stoppuhr können Sie alle Funktionen auch über Siri nutzen.

Die Weltzeituhr

Die Weltzeituhr ist mit Siri ausgesprochen einfach einzusetzen. Mit „Wie spät ist es“ nennt Siri Ihnen die aktuelle Uhrzeit, möchten Sie wissen, wie spät es an einem anderen Ort ist, ergänzen Sie die Frage um den Namen des Ortes, etwa „Wie spät ist es in San Francisco“ oder „Uhrzeit Tokio“. Dabei kann die Weltzeituhr Ihnen auch das Datum nennen: „Welches Datum haben wir heute“ wird genauso zuverlässig beantwortet wie „Welches Datum ist der kommende Mittwoch“ oder „Was ist übermorgen für ein Tag“. Dabei lässt sich Siri auch als Historischer Kalender benutzen, also etwa Fragen stellen wie „Welcher Tag war der 27. März 1961“. Leider versteht Siri eine Frage wie „Welches Datum hat der erste Montag im Oktober“ nicht. Oder vielleicht auch nur: noch nicht.

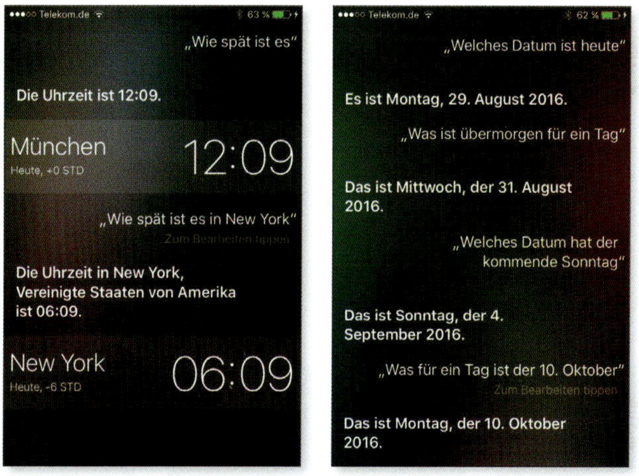

Mit Siri wissen Sie jederzeit, was die Stunde geschlagen hat und welcher Tag auf welches Datum fällt.

Der Wecker

Das Stellen des Weckers mit Siri ist eine der beliebtesten Anwendungen von Siri im Alltag. Kein Wunder, schließlich ist diese Funktion nicht nur ausgesprochen nützlich, sondern obendrein auch ausgesprochen simpel zu benutzen. Einfacher und schneller als über das Kommando „Weck mich morgen um 7 Uhr 30“ kann man einen Wecker einfach nicht stellen. Und einfacher als „Ändere meinen Wecker von 7 Uhr 30 auf 8 Uhr“ nicht anpassen.

Dabei ist die Weckfunktion flexibel genug, um auch relative Angaben zu verstehen. Mit „Weck mich in sechs Stunden“ müssen Sie sich nicht selbst überlegen, auf welche Uhrzeit Sie den Wecker stellen müssen, sondern können das getrost Siri überlassen.

Es ist auch möglich, Wecker für bestimmte Tage einzurichten. Möchten Sie etwa jeden Montag um 7:30 geweckt werden, dann lassen Sie das ruhig Siris Sorge sein: „Weck mich jeden Montag um 7 Uhr 30".

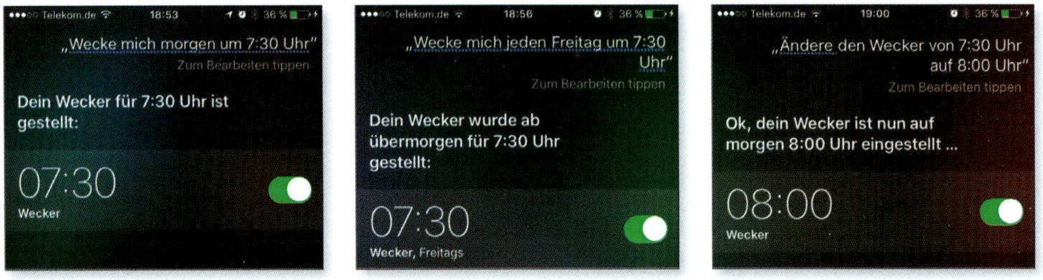

Wecker aller Art lassen sich mit Siri problemlos einrichten und auch ändern.

Eine Übersicht über alle Wecker präsentiert Ihnen Siri nach einer Aufforderung wie „Zeige mir meine Wecker". Hier können Sie jeden Eintrag gezielt ein- und ausschalten, mit einem Tipp auf einen Eintrag wechselt Siri zur Uhr-App. Natürlich können Sie Siri auch anweisen, einen Wecker ein- oder auszuschalten: „Schalte den Wecker um 7:30 Uhr aus". Das geht auch mit allen Weckern auf einmal: „Schalte alle Wecker ein".

Wenn Sie viele verschiedene Wecker haben, hilft Siri bei der Übersicht. Wecker lassen sich einzeln (oder auch auf einen Streich) ausschalten und löschen.

Schließlich können Sie mit Siri Wecker auch löschen. Nach „Lösche den Wecker um 8 Uhr" wird der entsprechende Wecker kurzerhand gelöscht, bei der Anweisung „Lösche alle Wecker" fragt Siri aber sicherheitshalber noch einmal nach.

Der Timer

Auch der *Timer* lässt sich einfach und schnell über Siri steuern, ohne dass Sie dazu eigens die Uhr-App aktivieren müssen. Mit „Stell den Timer auf 3 Minuten“ oder „Timer 3 Minuten“ zeigt Siri den Timer an und beginnt damit, ihn herunterzuzählen. Sagen Sie „Starte den Timer“, fragt Siri zunächst nach der gewünschten Dauer und startet anschließend den Timer.

Der Zugriff auf den „Timer“ gehört zu Siris leichtesten Übungen.

Wie beim Timer üblich, können Sie mit Siri nun andere Dinge erledigen, Siri verlassen oder Ihr iPhone auch in den Standby-Modus schicken – der Timer lässt sich von all dem nicht beeindrucken, sondern läuft im Hintergrund weiter.

Möchten Sie wissen, wie lange der Timer noch laufen wird, können Sie Siri auffordern, ihn anzuzeigen, zum Beispiel mit: „Zeig den Timer an“. Möchten Sie den Timer pausieren, sagen Sie „Halt den Timer an“. Dieses Kommando funktioniert überall in Siri, ganz gleich, was Sie aktuell machen. Um den Timer fortzusetzen, sagen Sie „Schalt den Timer wieder an“.

Haben Sie es sich anders überlegt, lässt sich der Timer mit „Setz den Timer zurück“ auch anhalten und auf seinen Ausgangswert (in diesem Beispiel also drei Minuten) zurücksetzen.

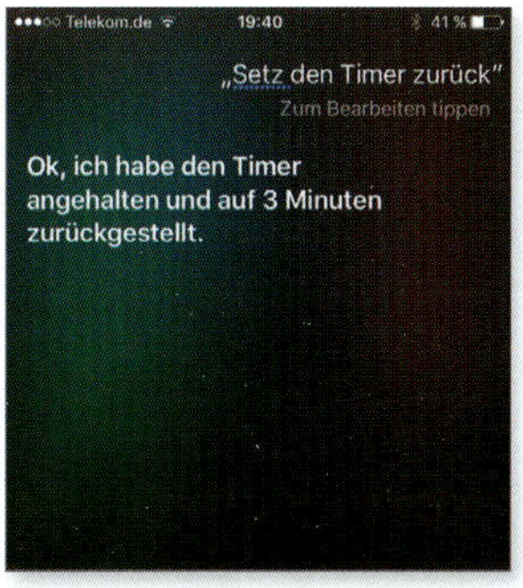

Der Timer lässt sich jederzeit anhalten, fortsetzen oder ganz zurücksetzen.

Karten

Die *Karten*-App auf iPhone und iPad ist Ihre digitale Straßenkarte, Ihr digitaler Atlas und Ihr Navi in einem. Die wichtigsten Funktionen der App lassen sich problemlos und schnell über Siri nutzen. Und nicht nur das: Siri ergänzt die Informationen der Karten-App mit anderen Daten, um Ihnen etwa auch blitzschnell die nächste Post oder eine gute Pizzeria in der Nähe empfehlen zu können.

> **!** **Ortungsdienste:** Damit Siri die Karten-App sinnvoll nutzen kann, müssen Sie Siri den Zugriff auf die Ortungsdienste erlauben. Das erledigen Sie unter **Einstellungen –> Datenschutz –> Ortungsdienste –> Siri & Diktieren**.

Orte, Adressen, Sehenswürdigkeiten

Sie sind in einer fremden Stadt und wissen nicht so recht, wo genau Sie sich befinden? Kein Problem, fragen Sie doch einfach Siri: „Wo bin ich“. Für die Antwort greift Siri auf die Ortungsdienste von iPhone bzw. iPad zu und zeigt anschließend Ihre aktuelle Position auf einem Kartenausschnitt an. Tippen Sie diesen Ausschnitt an, wechselt Siri zur Karten-App. Das funktioniert natürlich auch mit anderen Orten und Sehenswürdigkeiten, etwa „Wo ist der Kölner Dom“ oder „Zeig mir den Tower in London“.

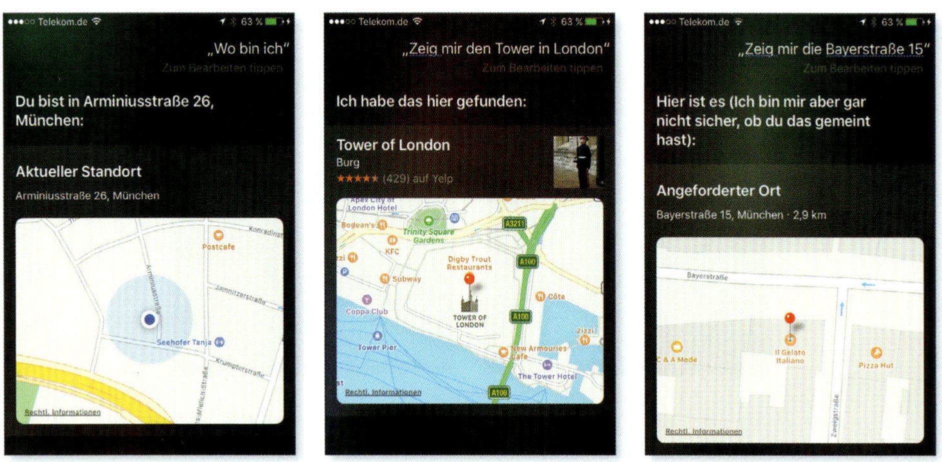

Mit Siri haben Sie blitzschnellen Zugriff auf die wichtigsten Informationen der Karten-App.

Auf die gleiche Weise lassen sich auch zentrale Punkte („Wo ist der Hauptbahnhof") oder Adressen („Zeig mir die Bayerstraße 15") abfragen. Geben Sie keinen Ort an, greift Siri auf Ihren aktuellen Standort zurück und sucht etwa den Hauptbahnhof der Stadt, in der Sie sich aktuell befinden. Möchten Sie eine Adresse in einer anderen Stadt angezeigt bekommen, müssen Sie die Stadt dazu nennen: „Zeig mir den Borsigplatz in Dortmund".

Bei Fragen nach Adressen, die Sie in Ihren Kontakten gespeichert haben, greift Siri allerdings nicht sofort auf die Karten-Daten zu. Eine Frage wie „Wo wohnt mein Bruder" oder „Wo wohnt Giesbert Damaschke" zeigt Siri den gewünschten Ausschnitt aus den Kontakten. Tippen Sie hier nun die Adresse an, übergibt Siri sie an die Karten-App, wo sie angezeigt wird.

Navigation

Wichtiger als die Frage, wo man sich aktuell befindet, ist häufiger die Information, wie man vom aktuellen Ort zu einer bestimmten Adresse kommt und wie der aktuelle Verkehr ist. Bei der Beantwortung dieser Fragen kann Ihnen Siri helfen. Möchten Sie wissen, wie Sie von einer beliebigen Position nach Hause kommen, sagen Sie einfach „Wie komme ich nach Hause" oder auch „Zeig mir den Weg nach Hause". Siri übergibt daraufhin Ihren aktuellen Standort als Start und Ihre in den Kontakten hinterlegte Privatdresse als Ziel für eine Route in der Karten-App, die sofort in den Navi-Modus wechselt und Sie sicher nach Hause bringt.

Während der Navigation kann Ihnen Siri Informationen zu Ihrer Route nennen – oder die Navigation auch kurzerhand beenden.

Während der Navigation können Sie Siri ebenfalls starten und Fragen zur aktuellen Route stellen, etwa „Wann bin ich da" oder „Wann kommt die nächste Abzweigung". Wenn Sie die Navigation nicht oder nicht mehr benötigen, lässt sie sich mit „Navigation beenden" stoppen.

Natürlich kann Siri Ihnen nicht nur den Weg von Ihrer aktuellen Position zu einem Ziel berechnen, sondern auch beliebige andere Routen, etwa „Wie komme ich von München nach Dortmund".

Haben Sie sich eine bestimmte Adresse von Siri anzeigen lassen, ist es zudem möglich, diese Adresse sofort als Zielpunkt zu benutzen. Nach „Zeig mir den Eiffelturm“ können Sie sich also sofort mit „Wie komme ich dahin“ die Route berechnen lassen.

Auch über die Verkehrssituation kann Sie Siri informieren. Geben Sie Siri einfach eine Anweisung wie „Zeig mir die Staus in München“ oder „Wie ist der Verkehr in Dortmund“. Siri wechselt daraufhin zur Karten-App und aktiviert dort für die angegebene Adresse die Option *Verkehr einblenden*.

> **!** **Fußweg:** Standardmäßig setzt Siri bei der Routenplanung voraus, dass Sie mit dem Auto unterwegs sind. Sie können sich aber auch explizit Fußwege anzeigen lassen. Fügen Sie dazu einfach ein „zu Fuß“ in Ihre Anfrage ein, etwa: „Wie komme ich zu Fuß ins Büro“.

Restaurants und Geschäfte

Oft möchte man in einer fremden Stadt wissen, wo die nächste Tankstelle zu finden oder ob ein gutes Restaurant in der Nähe ist. Auch bei diesen und ähnlichen Fragen kann Siri Ihnen in Zusammenarbeit mit der Karten-App weiterhelfen. Bei der Bewertung von Restaurants greift Siri dabei auf die Daten von Yelp und Tripadvisor zurück.

> **!** **Yelp und Tripadvisor:** Yelp und Tripadvisor sind Bewertungs- und Empfehlungsportale, bei denen die Nutzer ihre Bewertungen und Kommentare für Restaurants, Hotels und Geschäfte abgeben. Lassen Sie sich nicht vorschnell durch eine gute Bewertung blenden, sondern achten Sie auf die Anzahl der Bewertungen. Eine 5-Sterne-Bewertung von nur einer Person ist nicht aussagekräftig und stammt am Ende vom Betreiber selbst. Einer Bewertung von 30, 50 oder gar 100 Personen können Sie schon eher vertrauen.

Möchten Sie zum Beispiel wissen, ob in Ihrer Nähe ein Schwimmbad, eine Tankstelle oder eine Post ist, fragen Sie einfach Siri: „Zeig mir das nächste Freibad“, „Wie komme ich von hier zur nächsten Tankstelle“, „Wo ist eine Post in der Nähe“ oder „Gibt es hier in der Nähe ein Hotel“. Ganz ähnlich funktioniert es mit Restaurants und Geschäften: „Zeig mir eine gute Pizzeria in der Nähe“ oder „Wie komme ich zum nächsten Aldi“.

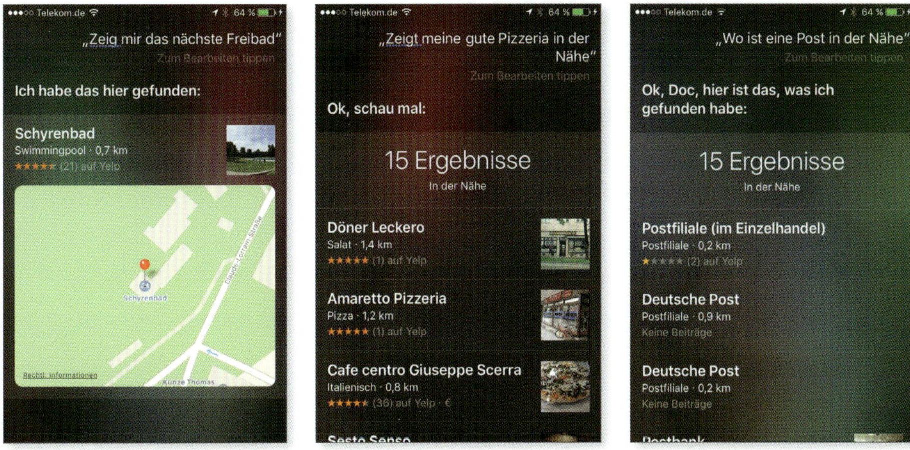

Siri verrät Ihnen auch, wo Sie wichtige Geschäfte, Restaurants und ähnliches finden. Dabei verlässt sich Siri allerdings auf den Datenbestand in Yelp und Tripadvisor – wenn dort noch niemand etwas zu einem Geschäft eingetragen hat, wird es von Siri auch nicht gefunden.

Oft findet Siri bei solchen Anfragen mehrere mögliche Treffer, die es dann in einer Liste anzeigt. Tippen Sie auf einen Eintrag, wechselt Siri zur Karten-App, wo die gewünschte Adresse gezeigt wird.

Möchten Sie wissen, wie ein bestimmtes Restaurant von anderen bewertet wurde, können Sie auch das Siri fragen: „Bewertung Zur Festwiese München“ oder „Bewertung Hotel Bayerischer Hof München“. Sollte Siri hier ebenfalls mehrere mögliche Treffer finden, zeigt es Ihnen eine Trefferliste, aus der Sie dann per Fingertipp den gewünschten Eintrag auswählen.

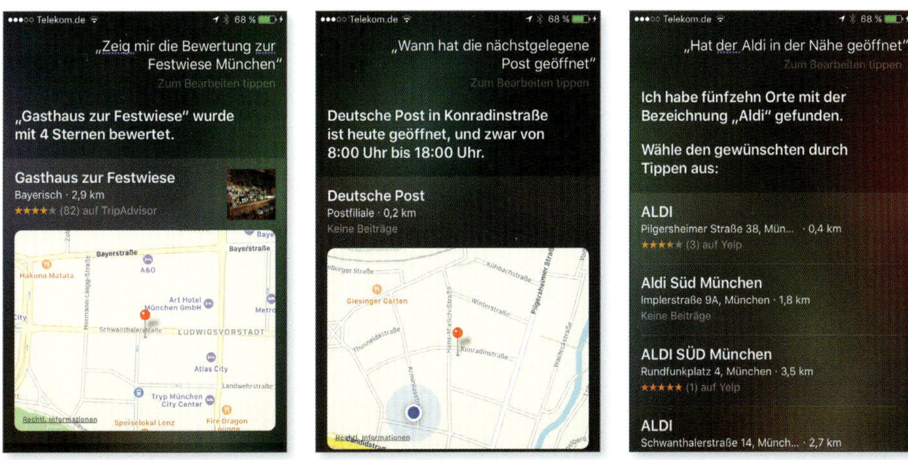

Siri kann Ihnen auf Wunsch auch Bewertungen von Restaurants oder die Öffnungszeiten von Geschäften nennen. Bei mehreren möglichen Treffern wählen Sie den gewünschten Eintrag per Fingertipp aus.

Aber Siri kann noch mehr – nämlich Ihnen auch die Öffnungszeiten von Geschäften nennen: „Hat der Aldi in der Nähe geöffnet“ oder „Wann hat die Post geöffnet“ werden problemlos beantwortet. Falls Siri mehrere mögliche Treffer findet, wählen Sie mit einem Fingertipp das gewünschte Geschäft aus der Trefferliste aus. Anschließend zeigt Siri Ihnen das Geschäft auf einer Karte und nennt Ihnen auch gleich die Öffnungszeiten.

! **Kino:** Was mit Restaurants geht, geht auch mit Kinos. Mit diesem Thema beschäftigt sich das nächste Kapitel.

Kapitel 7 Kino, Musik etc.

Kino & Filme

Es ist Samstagabend, Sie sind in einer fremden Stadt und möchten ins Kino? Kein Problem, fragen Sie einfach Siri, welche Filme aktuell in Ihrer Umgebung zu sehen sind. Sagen Sie Siri, was Sie sehen möchten, oder lassen Sie sich von Siri Filme empfehlen. Sie können Siri auch nach Informationen zu bestimmten Filmen fragen (wobei allerdings die Grenzen von Siri deutlich werden).

Filme und Kinos finden

Am schnellsten erhalten Sie mit einer direkten Frage einen Überblick über das aktuelle Kinoprogramm: „Welche Filme laufen in meiner Nähe“. Diese Frage beantwortet Siri mit einer entsprechenden Übersicht, wobei Ihnen das Plakat, der Titel, die Startzeit und, falls vorhanden, auch die FSK-Freigabe gezeigt wird.

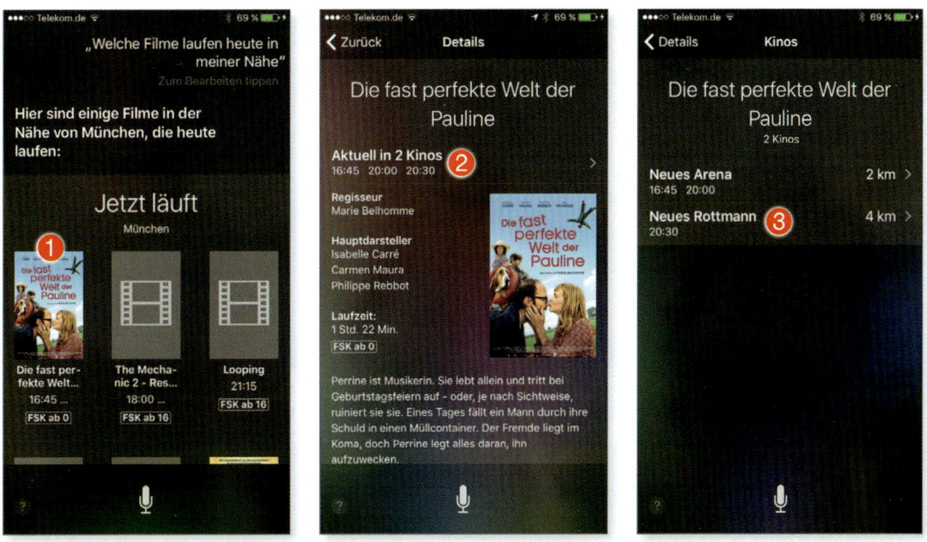

Siri beantwortet die Frage nach aktuellen Filmen mit einer umfangreichen Übersicht.

In der Übersicht können Sie einen Film per Fingertipp auswählen ❶ und sehen nun Detailinformationen. Tippen Sie auf die Anzeige der Kinos, in denen der Film aktuell gezeigt wird ❷, erhalten Sie Informationen zu den Startzeiten. Ein erneuter Tipp auf ein Kino ❸ zeigt Ihnen die Adresse, von der aus Sie zur Karten-App wechseln und via Siri die Route zum Kino berechnen lassen können. Die Route lässt sich auch mit „Zeig mir den Weg zu …" anzeigen.

Tippen Sie ein Filmplakat an, erhalten Sie eine umfangreiche Inhaltsangabe, Detailangaben zum Film und vor allem die Information, in wie vielen Kinos der Film aktuell zu sehen ist. Tippen Sie diese Information an, listet Siri alle Kinos auf und zeigt auch gleich die Startzeiten des Films. Ein Tipp auf den Namen eines Kinos zeigt Ihnen die Adresse, ein weiterer Tipp auf die Adresse öffnet die Adresse in *Karten*. Hier können Sie Siri erneut aufrufen und sich mit „Wie komme ich dahin" die Route berechnen lassen.

Wenn Sie wissen möchten, welche Filme in einem bestimmten Kino laufen, können Sie auch das von Siri erfahren. Fragen Sie etwa „Welche Filme laufen heute im Mathäser", zeigt Ihnen Siri eine Übersicht über das aktuelle Programm des Kinos. Auch hier bringt Sie ein Fingertipp auf ein Filmplakat zu den Detailinformationen zum Film.

Möglich sind auch Fragen wie „Welche Filme laufen nächste Woche im Gloria" oder „Wo läuft heute der Film Sommer in Wien". Dabei ist Siri schlau genug, diese Fragen immer auf Ihren aktuellen Standort zu beziehen. Aber natürlich verrät Ihnen Siri auch das Kinoprogramm in anderen Städten, etwa „Welche Filme laufen heute in Unna".

> **!** **Titel und Namen:** Viele Filmtitel sind auf englisch oder französisch oder enthalten andere fremdsprachige Teile. Das ist fatal, denn genau damit hat Siri enorme Probleme und versteht Sie fast immer falsch. Damit sind eine ganze Reihe von Fragen und Anweisungen zu Filmen und ganz besonders zu Musik in der Praxis nur selten wirklich benutzbar.

Siri kann Ihnen auch eine Auswahl an aktuellen und nicht ganz so aktuellen Filmen eines Genres geben, etwa „Zeig mir Zeichentrickfilme" oder „Zeig mir Filme mit George Clooney". Auch hier antwortet Siri mit einer Übersicht passender Filme, ein Tipp auf ein Filmplakat liefert die Detailinformationen zum jeweiligen Film. Falls der Film in Apples iTunes Store vorhanden ist, können Sie ihn auch aus Siri heraus bei Apple kaufen oder ausleihen.

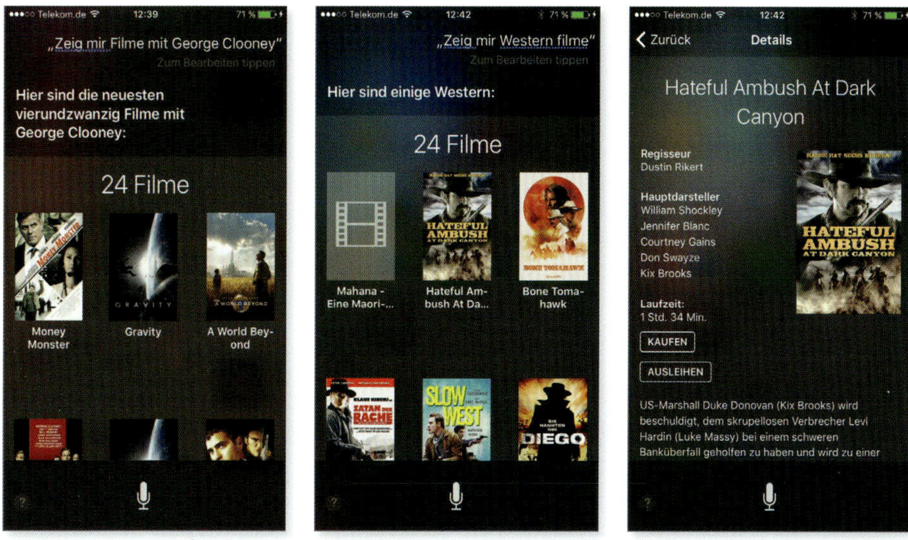

Auf Wunsch nennt Siri Ihnen auch Filme mit einem bestimmten Schauspieler oder eines bestimmten Genres. Ist ein Film in Apples iTunes Store verfügbar, können Sie ihn nach der Suche auch direkt kaufen oder ausleihen.

Die Sache hat allerdings einen kleinen Haken: Folgen zwei Fragen dieser Art aufeinander, ist Siri etwas zu verständnisvoll und versucht einen Zusammenhang zwischen den Fragen herzustellen. Suchen Sie also zum Beispiel zuerst nach Filmen mit George Clooney und fragen Siri anschließend nach Zeichentrickfilmen, sucht Siri nach Zeichentrickfilmen mit George Clooney – und wird dabei natürlich nicht fündig, sondern produziert in der Regel unsinnige Antworten. In diesem Fall hilft nur eines: Siri mit einem Druck auf die Home-Taste beenden und erneut starten.

Informationen zu Filmen

Auch bei Informationen zu Filmen kann Siri Ihnen weiterhelfen. Möchten Sie etwa wissen, wer „Der dritte Mann“ gedreht hat, dann fragen Sie Siri: „Wie heißt der Regisseur von der dritte Mann“. Ähnlich funktionieren Fragen nach Darstellern („Wie heißt der Hauptdarsteller von Psycho“), Erscheinungsterminen („Wann kam der Film Casablanca in die Kinos“ – hier nennt Siri übrigens den deutschen Starttermin) oder Altersfreigaben („Was ist die Altersfreigabe für den Film Psycho“). Hier kann es allerdings vorkommen, dass Siri mehrere Treffer findet, viele Filme werden ja als Remake oder in digitaler Version erneut auf den Markt gebracht oder haben Begriffe wie „Psycho“ im Titel. In diesem Fall zeigt Siri Ihnen eine Liste möglicher Treffer und bittet Sie, den gewünschten Titel auszuwählen.

Siri beantwortet auch gern generelle Fragen zu bestimmten Filmen.

Möchten Sie wissen, was andere über einen bestimmten Film geschrieben haben, lassen sich diese Besprechungen mit einer Anweisung wie „Zeige mir Rezensionen für Sommer in Wien“ aufrufen. Falls Siri nicht fündig wird, antwortet Siri etwa mit „Keine Ahnung, wie Sommer in Wien bewertet wurde“ und zeigt Ihnen stattdessen die Detailinformationen zum Film. Allerdings liegt Siri bei dieser Frage recht oft daneben und greift nicht auf einen speziellen Datenbestand von Filmbesprechungen zurück, sondern startet eine Internetsuche mit den entsprechenden Stichwörtern.

Musik

Dank Siri können Sie die Musikwiedergabe auf Ihrem iPhone über verschiedene Sprachkommandos steuern. In der Praxis scheitert Siri hierzulande zwar oft daran, dass es viele fremdsprachige Titel oder Interpreten schlicht nicht versteht und Sie immer wieder korrigierend eingreifen müssen, aber dennoch steht eine Reihe nützlicher Funktionen zur Verfügung.

> **!** **Apple Music:** Siris musikalische Fähigkeiten wurden von Apple für den Einsatz mit dem (kostenpflichtigen) Angebot Apple Music optimiert. Zwar können Sie auch lokal auf dem iPhone gespeicherte Musik mit Siri steuern, aber das volle Potenzial steht Ihnen nur mit Apple Music und der iCloud-Mediathek zur Verfügung. Damit Apple Music unterwegs, fernab von einem WLAN, funktioniert, müssen Sie unter **Einstellungen -> Musik** im Abschnitt **Streaming & Downloads** die Option **Mobile Daten verwenden** aktivieren. Denken Sie aber daran, dass durch diese Option Ihr mobiles Datenvolumen erheblich belastet werden kann.

Musik suchen und wiedergeben

Im Prinzip ist der Zugriff auf Musik – ganz gleich, ob sie lokal als Datei auf dem iPhone gespeichert ist oder über Apple Music gestreamt wird – denkbar einfach. Sie sagen „Spiele Musik von den Beatles“, und schon geht's los. Sie können auch gezielt auf einen bestimmten Song zugreifen: „Spiele Like a Rolling Stone von Bob Dylan“. Das funktioniert auch mit Genres („Spiele Musik aus dem Genre Rock“) und Ihren Wiedergabelisten („Spiele Musik von meiner Wiedergabeliste Unterwegs“).

Manchmal hat Siri zwar erhebliche Verständnisprobleme, aber im Prinzip ist die Wiedergabe von Musik über Siri ausgesprochen simpel.

Die Wiedergabe erfolgt dabei in der Reihenfolge, in der sie in Ihrer Mediathek (oder bei Apple Music) stehen. Natürlich können Sie hier auch eine zufällige Reihenfolge wählen, indem Sie etwa „Spiele Musik von den Beatles in zufälliger Reihenfolge“ sagen. Falls Sie den Namen eines aktuellen Songs vergessen haben, können Sie Siri auch bitten, den neuesten Song eines Interpreten zu spielen, zum Beispiel mit „Spiele den neuesten Song von Adele“.

Wie gesagt: Das funktioniert im Prinzip. Manchmal ist Siri ein wenig pingelig und wechselt bei „Spiele Musik von Adele“ einfach in die Musik-App, ohne Musik wiederzugeben. Erst mit „Spiele Songs von Adele“ reagiert Siri wie gewünscht. Auch bei Wiedergabelisten versteht Siri nicht immer, was Sie hören möchten und sucht stattdessen nach Songtiteln mit dem Namen der Wiedergabeliste. Hier kann es helfen, statt „Wiedergabeliste“ „Mix“ oder „Playlist“ zu sagen, also etwa „Gib meinen Unterwegs-Mix wieder“ oder „Spiele meine Party-Playlist“. Haben Sie Apple Music aktiviert, lauert hier allerdings die nächste Stolperfalle: Denn dann greift Siri nicht unbedingt auf Ihre Wiedergabelisten zu, sondern auf die Wiedergabelisten, die bei Apple Music in Hülle und Fülle parat stehen.

In der Praxis macht Ihnen aber wohl vor allem Siris Sprachenproblem einen ziemlich dicken Strich durch die Rechnung. Manche großen Namen und sehr bekannte Titel werden von Siri noch problemlos erkannt, aber sobald ein Interpret oder ein Songtitel auch nur ein klein wenig abseits des Mainstreams und der Hitparaden liegt, haben Sie praktisch keine Chance, auf Anhieb den gewünschten Titel oder Interpreten zu hören. Besonders kurios ist es, wenn Siri zwar auf Anhieb den korrekten Namen versteht – „Spiele Musik von Bob Dylan“ –, diesen aber sofort in völligen Unfug, nun ja, korrigiert: „Spiele Musik von Bob Grillen“.

Hier hilft nur eins: Tippen Sie in die falsch verstandene Anweisung und korrigieren Sie die Eingabe manuell über die Tastatur (mehr zur Korrektur von Eingaben lesen Sie in Kapitel 1).

Wiedergabe steuern

Sobald Siri (ob von allein oder mit Ihrer Hilfe) einen Song oder einen Interpreten erkannt hat, gibt Siri die gewünschte Musik wieder. Ab dann können Sie die Wiedergabe via Siri steuern – und immerhin das funktioniert zuverlässig. Dabei lassen sich die Steuerbefehle natürlich auch dann benutzen, wenn Sie die Musik manuell über die Musik-App gestartet haben.

Mit „Überspringen“ oder „Nächster Song“ springt die Wiedergabe um einen Song weiter, mit „Vorheriger Song“ geht es einen Titel zurück. Mit „Pause“ oder „Wiedergabe beenden“ pausieren Sie die Musikwiedergabe.

Üblicherweise spielt die Musik-App alle Songs eines Interpreten, eines Albums oder einer Wiedergabeliste von Anfang bis Ende ab und legt dafür intern eine „Nächste Titel"-Liste an. In diese Reihenfolge können Sie eingreifen, indem Sie Siri etwa anweisen, als nächstes einen bestimmten Titel oder einen beliebigen Titel eines bestimmten Interpreten zu spielen: „Spiele als nächstes einen Song von Bob Dylan".

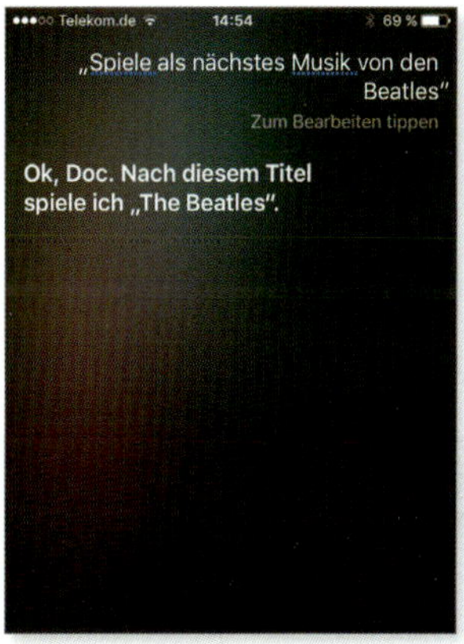

Ganz gleich, ob Sie die Musikwiedergabe manuell in der Musik-App oder via Siri gestartet haben: Die Wiedergabe lässt sich problemlos mit Siri steuern.

Siri und Apple Music

Haben Sie Apple Music aktiviert, haben Sie Zugriff auf fast den gesamten Musikkatalog von Apple – und der ist sehr, sehr groß. So können Sie auch Musik hören, die Sie nicht in Ihrer Mediathek haben. Stoßen Sie so auf einen Song, den Sie gern häufiger hören und daher Ihrer Mediathek einverleiben möchten, sagen Sie einfach „Füge diesen Song meiner Mediathek hinzu". Der Song taucht dann in der Musik-App im Register „Meine Musik" auf. Falls Siri bei Ihnen Probleme hat, „Mediathek" zu verstehen, sagen Sie einfach „Sammlung".

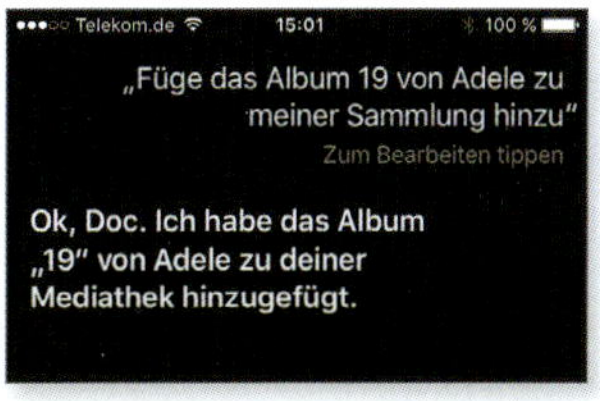

Songs und Alben aus Apple Music lassen sich problemlos Ihrer Mediathek hinzufügen – vorausgesetzt, die Rechteinhaber haben die Musik fürs Streaming freigegeben.

Das funktioniert auch mit Alben, eine Anweisung wie „Füge das Album 19 von Adele meiner Sammlung hinzu“ sorgt dafür, dass das gewünschte Album Teil Ihrer Mediathek wird. Das klappt allerdings nur mit Titeln und Alben, die von den Rechteinhabern fürs Streaming freigegeben wurden.

Apple Music schlägt Ihnen im Register „Für dich“ Songs und Interpreten vor, bei denen die Algorithmen von Apple zu dem Schluss gekommen sind, dass sie Ihnen gefallen könnten. Je mehr Informationen die Algorithmen über Ihren Musikgeschmack haben, desto zuverlässiger werden diese Empfehlungen. Daher ist es sinnvoll, Apple Music darauf hinzuweisen, wenn Ihnen ein Song besonders gut gefällt. Und das System natürlich auch darüber zu informieren, wenn Ihnen etwas überhaupt nicht zusagt.

Dazu rufen Sie während der Musikwiedergabe Siri auf und sagen „Dieser Song gefällt mir“ oder „Der Titel gefällt mir“. Entsprechend drücken Sie Ihre Ablehnung aus, indem Sie „Spiel dieses Lied nicht mehr“ sagen. Sie können Ihre Zustimmung auch jederzeit mit „Der Song gefällt mir nicht“ bzw. „Der Song gefällt mir nicht mehr“ widerrufen.

Ob Ihnen ein Song gefällt oder nicht, können Sie Siri mitteilen. Diese Informationen verbessern die Qualität der Musikvorschläge.

Apple Music arbeitet mit der „Genius“-Technologie von Apple. Dabei wird auf Basis des Verhaltens aller Nutzer von Apple Music versucht, automatisch zu bestimmen, welche Songs und Titel gut zusammenpassen. Diese Daten können Sie auch via Siri nutzen. Sagen Sie dazu einfach „Spiele mehr Songs wie diesen“ oder „Spiele ähnliche Titel“.

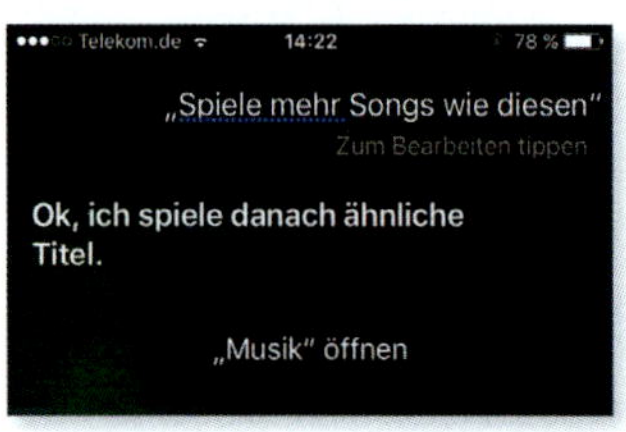

Wenn Sie möchten, stellt Siri für Sie ein Musikprogramm zusammen.

Wenn Sie wissen möchten, was derzeit so in den Hitparaden steht, bitten Sie Siri doch einfach darum, Ihnen die Songs vorzuspielen: „Spiele die Top Hits aus dem Genre Rock". Siri hat auch Zugriff auf historische Charts, die Sie etwa mit „Spiel das beste Lied aus dem Jahr 2002" abfragen und auch gleich wiedergeben können. Das funktioniert leider nicht immer, bei manchen Jahren muss Siri passen, bei anderen kennt es zwar den Chartsieger, kann diesen Song aber nicht streamen, weil etwa der Interpret oder die Plattenfirma den Song nicht fürs Streaming freigegeben hat.

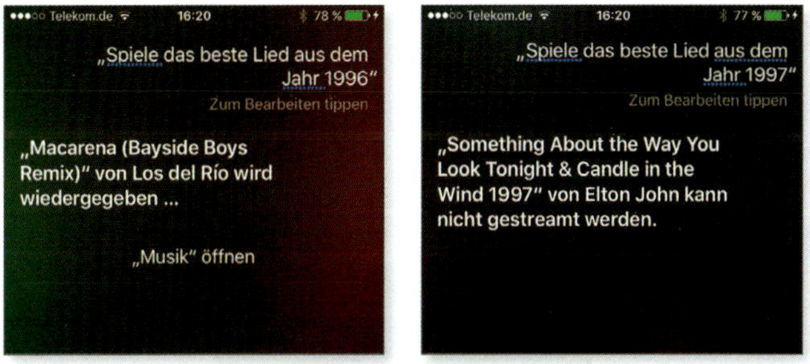

Siri kennt auch die Hitparade und kann die Songs spielen – vorausgesetzt, der Titel ist fürs Streaming freigegeben.

Wie heißt dieser Song?

Bei der Wiedergabe passiert es oft, dass Sie einen Titel hören, von dem Sie gerne wüssten, wie er heißt und von wem er stammt. Nun könnten Sie natürlich die Musik-App öffnen und nachschauen, was da gerade wiedergegeben wird. Sie können aber auch einfach Siri fragen: „Was ist das für ein Song" oder „Wie heißt der Titel". Siri nennt daraufhin den Titel und den Interpreten. Möchten Sie nur den Interpreten erfahren, genügt auch ein „Wer singt das".

Der Clou: Das funktioniert nicht nur mit Songs, die Sie auf dem iPhone wiedergeben, sondern auch mit Musik, die Sie im Autoradio oder in der Kneipe hören. Starten Sie Siri, sagen Sie „Welcher Song ist das" oder „Shazam" und halten Sie das iPhone möglichst so, dass das Mikro am unteren Rand des iPhones guten Empfang hat, decken Sie es also nicht mit der Hand ab. Siri hört nun zu und zeigt Ihnen nach kurzer Zeit an, welcher Song da gerade gespielt wird. Dazu greift Siri auf den Anbieter *Shazam* zu, der eine riesige Datenbank an musikalischen Fingerabdrücken verwaltet und praktisch jeden Song zuverlässig erkennt.

> **!** **Shazam:** Shazam ist ein Musikerkennungsdienst, der es ermöglicht, Musiktitel via Handy zu identifizieren. Die Musikerkennung erfolgt dabei auf den Servern von Shazam. Das Handy nimmt einen kurzen Ausschnitt der zu erkennenden Musik auf und schickt diese Daten via Internet an die Server. Dort werden sie analysiert und die erkannten Songdaten als Antwort zurückgeschickt. Shazam kann als kostenlose App installiert werden, für den Einsatz in Kombination mit Siri ist die App nicht erforderlich.

Tippen Sie auf die Antwort von Siri, dann wird der Song via Apple Music in der Musik-App geöffnet – vorausgesetzt, der Song gehört zu den Titeln, die man via Apple Music beziehen kann. In diesem Fall können Sie sich gleich das gesamte Album anhören oder auch den Song bzw. das Album Ihrer Mediathek hinzufügen.

Fragen Sie einfach Siri, welche Musik gerade auf dem iPhone oder anderswo läuft. Mit einem Tipp auf die Antwort ❶ wird der Titel in der Musik-App angezeigt, ein Tipp auf das „Shazam"-Logo ❷ öffnet ihn in der Shazam-App (falls installiert).

Falls Sie die (kostenlose) Shazam-App installiert haben, können Sie mit einem Tipp auf das Shazam-Logo in Siris Antwort die App öffnen, wo Sie weitere Informationen zum Song bekommen, zum Beispiel den Songtext oder Empfehlungen basierend auf diesem Song.

Radio

Zu Apple Music gehören auch verschiedene Radiosender. Hier werden Titel eines Genres gestreamt, wobei Sie nur wenig Einfluss auf die Auswahl und die Reihenfolge haben. Der Sender *Beats 1* bildet hier eine Ausnahme, hier wird das Programm von verschiedenen Interpreten zusammengestellt und moderiert. Hier hören Sie also nicht nur Titel eines bestimmten Genres, sondern ein buntes, sehr individuell zusammengestelltes Programm.

Das Radioprogramm starten Sie denkbar einfach: Mit „Spiel Radio“ schalten Sie den Sender Beats 1 ein, mit „Spiele den Jazz-Sender“ oder „Spiele den Rock-Sender“ werden die entsprechenden Radiosender gestartet. Welche Sender es gibt, sehen Sie in der Musik-App im Register *Radio*.

Wie erwähnt haben Sie keinen Einfluss auf die Reihenfolge der Songs, aber Sie können immerhin Songs, die Ihnen nicht gefallen, mit „Überspringen“ auslassen. Allerdings gibt es keinen Weg zurück: Sobald ein Titel im Radio gespielt wurde, ist er verschwunden. Während der Wiedergabe sind die üblichen Fragen und Anweisungen wie „Welcher Song ist das“, „Der Titel gefällt mir“ oder „Spiele diesen Titel nicht mehr“ möglich, womit Sie ein wenig Einfluss auf die Auswahl des Programms haben. Allerdings scheitert Siri (noch) daran, einen aktuell im Radio gespielten Titel Ihrer Mediathek hinzuzufügen.

Während der Radiosendung können Sie Informationen zum aktuellen Song abrufen und auch einen Titel überspringen – aber zurück geht es nicht mehr.

Sie können auch eigene Sender anlegen. Dabei wird ein Song oder ein Album als Basis ausgewählt und im Register *Radio* gespeichert. Als Name für den Sender wird der Name des Interpreten gewählt. Um einen eigenen Sender anzulegen, tippen Sie beim Song auf die *Mehr*-Taste ❶ (das sind die drei Punkte) und anschließend auf das *Sender erstellen*-Symbol ❷. Auch diese individuellen Radiosender lassen sich über ihren Namen starten.

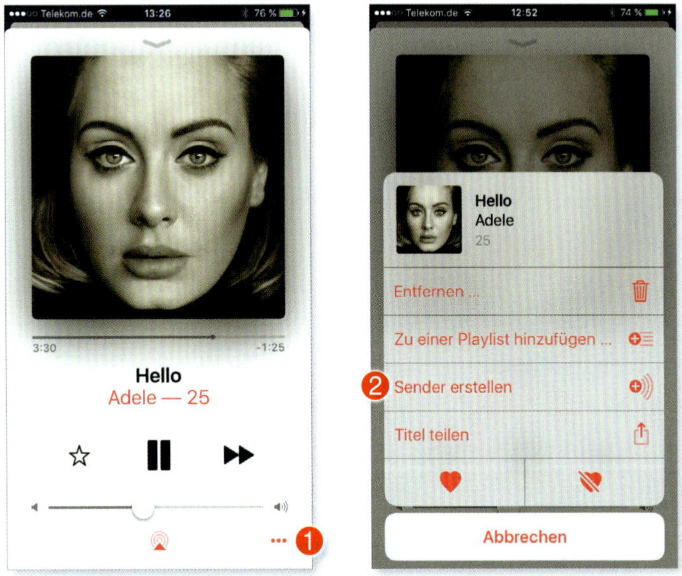

Sie können in der Radio-App jeden Song und jedes Album als Grundlage für Ihr eigenes Radioprogramm benutzen.

Die „Siri"-Liste

Alle Songs und Titel, die Sie via Siri aufgerufen und wiedergegeben haben, werden von Siri automatisch in einer eigenen Liste eingetragen, auf die Sie in der iTunes-Store-App zugreifen können. Dort landet auch sämtliche Musik, die Siri für Sie identifiziert hat. So will Apple Sie dazu ermuntern, die gehörte Musik im iTunes Store zu kaufen. Auch wenn Sie das nicht vorhaben, ist diese Liste eine mitunter ganz hilfreiche Gedächtnisstütze, etwa wenn man wissen möchte, wie denn gleich nochmal dieser Song hieß, den man da vor ein paar Tagen im Radio gehört und via Siri identifiziert hat.

Um die Liste einzusehen, starten Sie die App *iTunes Store* und tippen oben rechts auf das Listensymbol ❶. Anschließend tippen Sie auf das Register *Siri* ❷ – Sie sehen nun sämtliche Titel, die Siri in die Liste eingetragen hat. Um die Liste zu löschen, tippen Sie auf *Löschen* ❸ und bestätigen mit einem erneuten Tipp auf *Löschen* ❹.

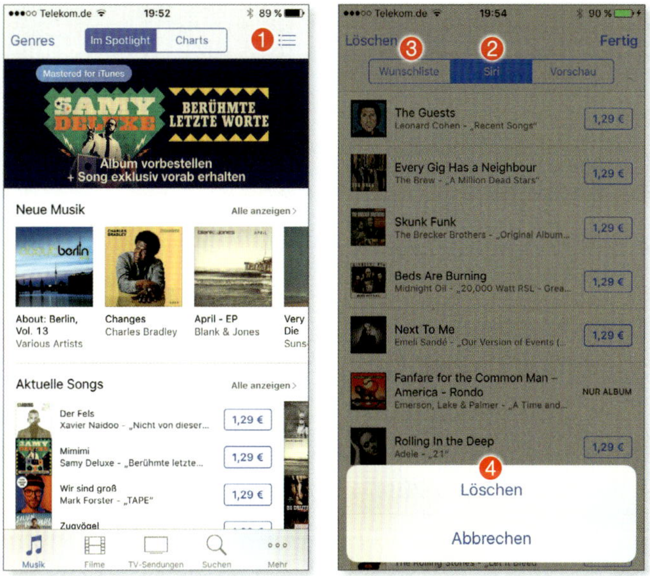

Siri trägt sämtliche Musik, die es für Sie wiedergegeben oder erkannt hat, in einer eigenen Liste ein.

Fotos

Die *Fotos*-App auf iPhone und iPad sammelt sämtliche Bilder, die Sie mit den Geräten aufnehmen (auch Screenshots) und kann mit dem Computer synchronisiert werden. So lassen sich auch Bilder von PC oder Mac an die Fotos-App übergeben. Dabei sortiert Fotos die Bilder automatisch in verschiedene Alben wie „Selfies", „Videos" oder „Favoriten", wobei Sie natürlich auch eigene Alben anlegen können. Das Album „Aufnahmen" enthält dabei immer sämtliche Bilder, die Sie auf dem iPhone oder iPad gespeichert haben. Auf diese in Fotos gespeicherten Bilder können Sie mit Siri rasch und unkompliziert zugreifen.

Fotos suchen

Siri kann verschiedene Informationen eines Fotos für die Suche auswerten, wobei auch die in einem Foto enthaltenen GPS-Informationen benutzt werden. Bei der Anzeige der Fotos wird jeweils die Momente-Ansicht der Fotos-App benutzt.

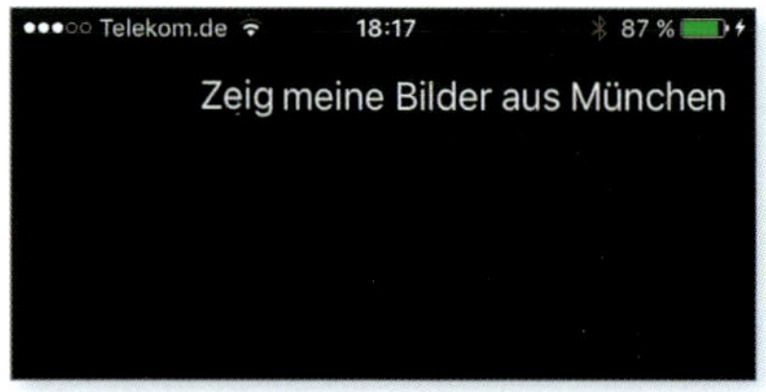

Fotos lassen sich nach Datum, Orten und Albumtitel suchen.

- *Datum:* Mit einer Anweisung wie „Zeige mir meine Fotos vom letzten Sommer", „Zeig mir meine Fotos von gestern" oder „Öffne die Fotos vom Sommer 2014" wechselt Siri zur Fotos-App, wo die gewünschten Fotos angezeigt werden. Natürlich können Sie auch ein konkretes Datum wie „Öffne Foto vom 31. März 2014" angeben.
- *Orte:* Falls ein Bild GPS-Informationen enthält, können Sie nach diesen Daten ebenfalls suchen, etwa mit „Zeige meine Bilder aus München" oder „Öffne meine Fotos aus Graz".
- *Albumtitel:* Auch nach Albentiteln kann Siri suchen. Mit einer Anweisung wie „Öffne das Album Selfies", „Zeig meine Favoriten" oder „Zeige das Album Zoo" wechselt Siri zur Fotos-App, wo das gewünschte Album geöffnet wird. Mit „Zeige meine Aufnahmen" sehen Sie sämtliche Bilder auf Ihrem iPhone. Falls Siri Sie nicht korrekt versteht, probieren Sie es mit Formulierungen wie „Öffne in Fotos das Album Zoo".
- *Kriterien kombinieren:* Es ist auch möglich, Ort und Datum zu kombinieren, also zum Beispiel mit „Zeige meine Fotos aus München vom letzten Sommer".

!

Videos: Alle Videos, die Sie mit iPhone oder iPad aufgenommen haben, landen ebenfalls in der Fotos-App und werden von iOS wie Fotos behandelt. Die Videos tauchen zum einen im Album „Aufnahmen" auf und werden zum anderen automatisch in den Alben „Videos", „Slo-Mo" (für die Zeitlupenaufnahmen) und „Zeitraffer" angezeigt. Videos lassen sich genau so suchen wie Fotos.

Podcasts

Mit der App *Podcasts* haben Sie Zugriff auf Apples umfangreiches Podcast-Angebot. Hier finden Sie Sendungen zu praktisch jedem nur denkbaren Thema, sei es von privaten Podcastern, von Unternehmen oder von Rundfunkanstalten. Das Angebot lässt sich via Siri durchstöbern, geladene Podcasts lassen sich über einfache Anweisungen wiedergeben, die Wiedergabe lässt sich (wie bei Musik) steuern.

Podcasts suchen

Die Suche nach bestimmten Podcasts ist genauso einfach, wie man sich das vorstellt. Mit „Suche nach WDR-Podcasts“ oder „Suche nach Klassik-Podcasts“ wechselt Siri zur Podcasts-App und startet dort eine entsprechende Suche. Kennen Sie den Titel des Podcasts, können Sie natürlich auch direkt danach suchen, etwa mit „Suche den WDR Zeitzeichen Podcast“. In der Podcasts-App können Sie dann die gewünschten Podcasts abonnieren oder bestimmte Folgen herunterladen.

> **!** **Podcasts laden:** Podcasts lassen sich mit Siri nicht laden (und auch nicht abonnieren). Zwar reagiert Siri auf Anweisungen wie „Lade den neuesten WDR Zeitzeichen Podcast", startet damit aber nur innerhalb der Podcasts-App eine Suche im Podcasts-Angebot.

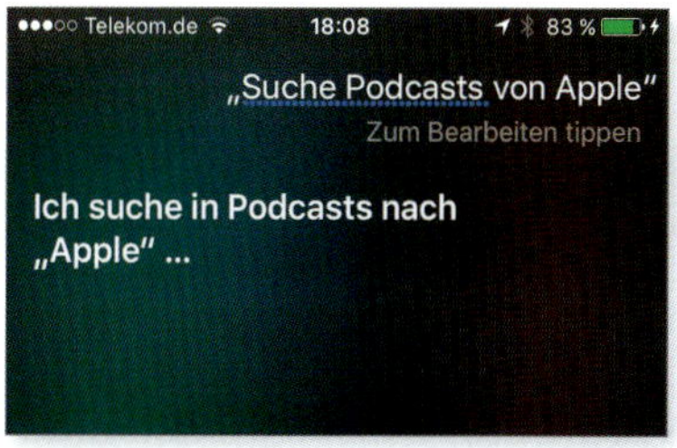

Podcasts lassen sich mit Siri problemlos suchen, aber nicht laden. Die Aufforderung zum Laden eines Podcasts versteht Siri lediglich als Suche nach diesem Podcast.

Podcasts wiedergeben

Die Wiedergabe von Podcasts ist ebenso einfach wie die Suche nach bestimmten Podcasts. Mit einem simplen „Spiele Podcasts“ beginnt Siri damit, sämtliche bisher ungespielten Podcasts der Reihe nach wiederzugeben. Möchten Sie die Folgen eines bestimmten Podcasts hören, erreichen Sie dies mit „Spiele den neuesten Kalenderblatt Podcast“ oder auch „Spiele Zeitzeichen Podcast“.

Nun haben Podcasts mitunter sehr lange und manchmal auch etwas ungelenke Namen, etwa „Das Kalenderblatt – Bayern 2“ oder „Was heute geschah – BR-Klassik“. Diese Namen müssen Sie sich aber glücklicherweise nicht vollständig merken oder auswendig lernen, denn Siri startet nach der Anweisung „Spiele [...] Podcast“ eine Suche in den Namen der Podcasts. Solange der von Ihnen gesprochene Name eindeutig ist, findet Siri den gewünschten Podcast. Statt „Spiele WDR Zeitzeichen Podcast“ genügt also auch ein einfaches „Spiele WDR Podcast“ – vorausgesetzt, Sie haben in Ihrer Podcast-Sammlung nur einen, in dessen Namen „WDR“ auftaucht.

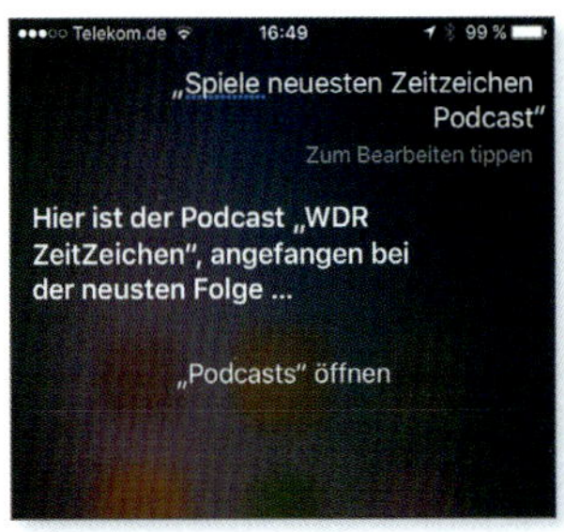

Die Wiedergabe eines (oder aller) Podcasts starten Sie mit einem einfachen Kommando. Dabei müssen Sie nicht unbedingt den vollen Namen des Podcasts nennen, Siri genügt auch ein eindeutiges Stichwort.

Wiedergabe steuern

Die Wiedergabe eines Podcasts lässt sich ebenfalls über Siri regeln. Dabei funktionieren die von der Musikwiedergabe bekannten Anweisungen wie „Wiedergabe beenden“, „Pause“ und „Wiedergeben“, um die Wiedergabe fortzusetzen.

Die Wiedergabe von Podcasts lässt sich ähnlich steuern wie die Wiedergabe von Musik, wobei sich auch das Wiedergabetempo ändern lässt.

Doch Podcasts haben noch besondere Steuerbefehle. Mit „Doppeltes Tempo" verdoppeln Sie die Geschwindigkeit, entsprechend verkürzen Sie sie mit „Halbes Tempo". Zudem gibt es noch die Anweisung „1,5-faches Tempo". Um zum einfachen Tempo zurückzukehren, sagen Sie „Normales Tempo".

Auch ein Springen während der Wiedergabe ist möglich. Mit „Springe 20 Sekunden zurück" spulen Sie 20 Sekunden zurück, mit „Springe 1 Minute vor" spulen Sie entsprechend nach vorn. Das funktioniert natürlich auch mit anderen Angaben wie „Springe 15 Sekunden vor" oder „Springe 30 Sekunden zurück".

Möchten Sie einen Teil eines Podcasts noch einmal hören oder lieber überspringen? Auch das ist mit Siri kein Problem.

iTunes Store und iBooks Store

Im *iTunes Store* können Sie Musik, Filme, TV-Serien und Hörbücher laden, im *iBooks Store* gibt es – wenig überraschend – E-Books. Die beiden digitalen Kaufhäuser lassen sich mit Siri ähnlich durchstöbern wie der App Store (dazu mehr in Kapitel 5).

Der iTunes Store

Die Suche nach bestimmten Alben, Interpreten, Titeln, Filmen oder Serien ist ausgesprochen einfach. Sie sagen „Suche im iTunes Store nach ...“, gefolgt von Ihrem Suchbegriff, also etwa: „Suche im iTunes Store nach Adele“. Wenn Sie möchten, können Sie statt „Suche“ auch „Finde“ einsetzen und den Satz etwas umformulieren, etwa „Finde drei Fragezeichen im iTunes Store“ oder „Finde Casablanca im iTunes Store“. Wichtig ist dabei nur, dass „im iTunes Store“ in Ihrer Anweisung auftaucht, andernfalls durchsucht Siri unter Umständen Ihre Musik-Mediathek oder stöbert im App Store. Suchen Sie nach Filmen, dann sollten Sie vermeiden, das Schlüsselwort „Film“ zu benutzen. Bei der Anweisung „Suche den Film Ice Age im iTunes Store“ orientiert sich Siri am Stichwort „Film“, ignoriert „im iTunes Store“ und zeigt Ihnen Informationen zum Film Ice Age an, ohne zum iTunes Store zu wechseln.

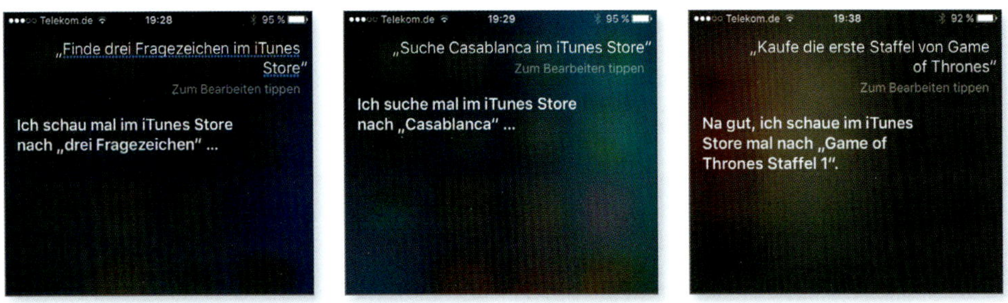

Wenn Sie im iTunes Store suchen möchten, sollten Sie das Siri explizit sagen, um Missverständnisse zu vermeiden. Nur bei TV-Serien genügen Schlüsselwörter wie „Staffel“ oder „Folge“.

Bei TV-Serien ist diese Angabe allerdings nicht notwendig, hier genügen Stichwörter wie „Staffel“ oder „Folge“, an denen Siri erkennt, dass Sie eine Serie und keinen Film bzw. keine Musik suchen: „Suche die neueste Staffel von Sherlock“.

Um eine bestimmte Staffel zu suchen, können Sie zwar theoretisch „Suche die erste Staffel von ..." sagen, doch hier versteht Siri Sie in der Regel falsch und sucht nach „Staffel von ...". Das führt zwar auch zu passenden Treffern, aber einfacher ist es, wenn Sie Siri vorgaukeln, Sie wollten die Staffel kaufen. Denn bei einer Anweisung wie „Kaufe die erste Staffel von Game of Thrones" kaufen Sie nicht ungewollt ein, sondern Siri sucht jetzt nach Staffel 1 der gewünschten Serie.

Schließlich lässt sich der iTunes Store auch nach Genres durchsuchen, etwa mit „Suche nach Komödien im iTunes Store" – allerdings verheddert sich Siri bei dieser Suche oft mit der Musik-App und präsentiert Ihnen eher selten sinnvolle Ergebnisse.

Der iBooks Store

Die Suche im iBooks Store gestaltet sich ähnlich wie die Suche in den anderen Stores von Apple. Hier können Sie allerdings in aller Regel auf den expliziten Hinweis „iBooks Store" verzichten, da das Schlüsselwort „Buch" für Siri ein deutlicher Hinweis darauf ist, wo Sie suchen möchten. Sagen Sie also einfach „Suche Bücher von Goethe" oder „Finde Bücher von Cornelia Funke".

Kapitel 8 Apple Watch

Bei Apples Smartwatch spielt Siri eine besondere Rolle: Denn hier gibt es keine Tastatur, über die Sie Texte eintippen könnten. Da bleibt nur die Spracheingabe und die Sprachsteuerung. Kein Wunder, dass Apple die *Apple Watch* mit Siri ausgestattet hat, wobei Siri hier im Prinzip so funktioniert wie auf dem iPhone oder iPad.

Deshalb können Sie viele der bislang gezeigten Tricks nahezu identisch mit der Apple Watch benutzen. Da diese via iPhone mit dem Internet kommuniziert, werden Anfragen, die die Apple Watch nicht selbständig lösen kann, an das iPhone weitergegeben.

Siri-Anfragen auf der Apple Watch werden bei Bedarf an das iPhone weitergegeben.

Siri aktivieren

Es gibt zwei Möglichkeiten, auf der Apple Watch Siri zu aktivieren:

- *Digitale Krone:* Drücken und halten Sie die digitale Krone, erscheinen auf dem Display der Apple Watch die vom iPhone her vertrauten bunten Schallwellen, die signalisieren, dass Siri bereit ist. Solange Sie die Krone gedrückt halten, können Sie mit Siri interagieren.
- *Hey Siri:* Auch auf der Watch lässt sich Siri über das Kommando „Hey Siri" aktivieren. Dazu heben Sie den Arm, an dem Sie Ihre Apple Watch tragen, in Richtung Gesicht und sagen „Hey Siri".

Beim Armheben aktivieren: Damit Sie Siri auf der Apple Watch mit „Hey Siri" aktivieren können, sollten Sie die Funktion **Beim Armheben aktivieren** einschalten. Sie finden den entsprechenden Schalter in den **Einstellungen** der Watch-App auf Ihrem iPhone.

Siri einsetzen

Über Siri können Sie mit der Watch auf die Funktionen von iPhone und der Apple Watch zugreifen. Mit einer Anweisung wie „Sag meiner Frau, ich komme etwas später" schickt das iPhone automatisch eine Nachricht an den entsprechenden Kontakt. Wenn Sie wissen möchten, welche Funktionen Siri auf der Apple Watch bietet, sagen Sie etwa „Was kann ich Siri fragen". Es sind hier die vom iPhone her vertrauten Abfragen nach dem Wetter, dem Aktienkurs oder Sportergebnissen möglich, im Kalender lassen sich Termine eintragen und verwalten, Sie können Erinnerungen anlegen oder sich Routen anzeigen lassen. Da das Display der Watch sehr klein ist, müssen Sie bei manchen Antworten von Siri nach unten scrollen, um alle Informationen angezeigt zu bekommen. Sobald Sie auf einen Eintrag tippen, werden beispielhafte Fragen dargestellt.

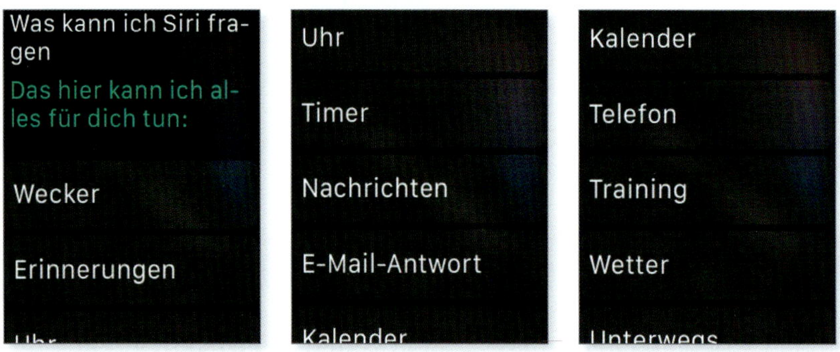

Taps als Navi-Signal: Bei der Navigation mit der Apple Watch werden die Taps – also das kurze Klopfen der Uhr an Ihren Arm – als Navi-Signal benutzt. Gleichmäßige Taps bedeuten dabei „Nächste Abzweigung rechts", unregelmäßige Taps entsprechen „Links abbiegen". Kurz bevor Sie Ihr Ziel erreichen, informiert Sie die Watch mit einer Vibration; haben Sie Ihr Ziel endgültig erreicht, vibriert die Watch erneut.

Neben diesen Anweisungen und Fragen, die genau so funktionieren wie auf dem iPhone, bietet Siri auf der Apple Watch noch Zugriff auf typische Einsätze der Watch. So können Sie mit „Hey Siri, ich möchte drei Kilometer spazieren gehen", „Hey Siri, ich möchte 30 Minuten Fahrrad fahren", „Hey Siri, starte einen 30 Minuten Lauf" etc. auf die *Workout*-App zugreifen und sich mit „Hey Siri, wie viele Kalorien habe ich heute verbraucht" oder mit „Hey Siri, Check Herzfrequenz anzeigen" die entsprechenden Informationen einblenden lassen.

Weitere mögliche Siri-Befehle, die prima auf der Apple Watch funktionieren, sind:

- „Wie viel sind 14 % von 21197" oder „Wie viel ist 13 mal 19"
- „Rufe Michael Huber mobil an" (Anruf einer Person der Kontakte-Liste)
- „Rufe 08912345678 an" (die Zielrufnummer kann ganz einfach eingesprochen werden)
- „Suche nach Fotos mit Blumen"
- „Ich würde jetzt gerne einen Schweinebraten essen"
- „Was läuft heute im Kino"
- „Wie alt ist Helmut Kohl"
- „Zeige mir ein Bild von Angela Merkel"
- „Wie ist das Wetter heute in Paris"

Nachrichten, E-Mails und mehr mit Siri auf der Apple Watch

Da die Apple Watch über keinerlei Tastatur verfügt, ist Siri die perfekte Möglichkeit, um Texte einsprechen zu können. Sowohl in der App Nachrichten als auch in der E-Mail-App werden so Antworten oder neue Nachrichten bzw. E-Mails ganz einfach per Siri an die Zielperson „diktiert".

Achten Sie dabei darauf, dass Sie den erkannten Text nachträglich nicht mehr ändern können. Sie müssen ihn also entweder komplett verwenden oder neu einsprechen.

Sowohl in der Mail- als auch in der Nachrichten-App der Apple Watch gelingt die Texteingabe per Siri. Tippen Sie dazu auf „Antworten" und anschließend auf das Mikrofonsymbol und sogleich kann der Text gesprochen werden.

Auf der Watch-App auf dem iPhone können Sie zudem definieren, ob der eingesprochene Texte in der Nachrichten-App als *Transkript (Text)* oder als *Audio-Information* versendet werden soll.

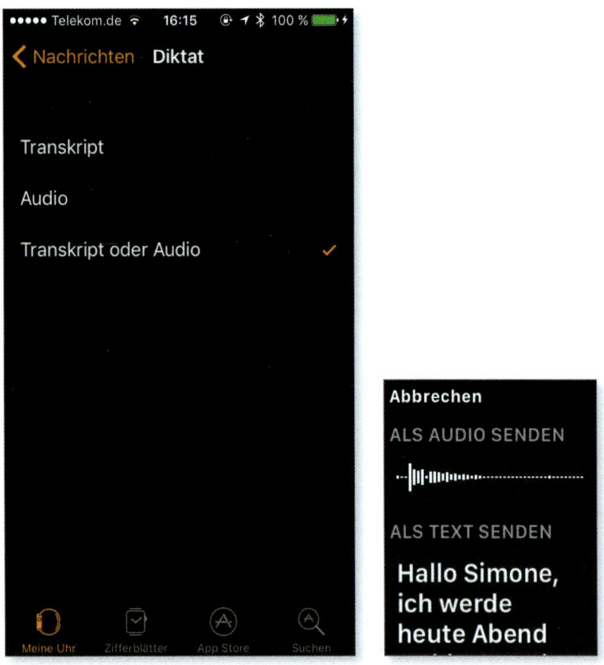

Für die Nachrichten App der Apple Watch kann man einstellen, ob Informationen per Audio oder Text an den Gegenüber versendet werden sollen. Dazu nutzen Sie die Watch-App auf dem iPhone und navigieren zu „Meine Uhr –> Nachrichten –> Diktat".

Kapitel 9 Apple TV

Das *Apple TV* ist eine Set-Top-Box für Fernsehgeräte und andere Bildschirme. Die Box bekommt ihre Informationen aus dem Internet oder von Ihrem Computer, der über Ihr WLAN Kontakt zum Apple TV aufnimmt. Mit der 4. Generation von Apple TV hat Apple das System mit der neuen Fernbedienung „Siri Remote" ausgestattet, die, wie der Name schon sagt, Apple TV um Siri erweitert.

Siri ein- und ausschalten

Die Sprachsteuerung Siri kann bereits beim Einrichten des Apple TV eingeschaltet werden . Falls Sie dies nicht getan haben, lässt sich Siri auch jederzeit nachträglich ein- und natürlich auch wieder ausschalten. Dazu benötigen Sie die *Einstellungen*. Im Bereich *Allgemein* finden Sie dann die Funktion zum Ein- und Ausschalten von Siri.

> **!** Siri sollten Sie nur dann ausschalten, wenn Sie nicht wollen, dass irgendwelche Daten an Apple übertragen werden. Beim Einsatz von Siri werden die Anweisungen, die Sie gesprochen haben, über eine Internetverbindung an Apple übertragen, dort umgewandelt und wieder zurückgeschickt.

Siri kann jederzeit ein- und ausgeschaltet werden.

Sprechen Sie mit dem Apple TV

Damit Siri Ihre Anweisung korrekt durchführen kann, müssen Sie lernen, mit dem Apple TV zu sprechen. Sprechen? Wieso sprechen? Wie soll man denn mit dem Apple TV reden? Diese Frage ist ganz schnell beantwortet: Sie sprechen in die Siri Remote-Fernbedienung! Diese hat im oberen Bereich ein Mikrofon. Wenn Sie also mit dem Apple TV reden wollen, sprechen Sie in die Siri Remote-Fernbedienung.

Das Sprechen allein nützt allerdings noch nichts: Sie müssen auf der Siri Remote-Fernbedienung die *Siri*-Taste drücken und halten. Erst danach lauscht Siri auf Ihre Anweisungen. Anschließend lassen Sie die Taste wieder los, und Siri versucht, Ihre Anweisung auszuführen. Während Sie in die Fernbedienung sprechen, sehen Sie am unteren Bildschirmrand in der Siri-Leiste, wie die Sprache in Anweisungen umgewandelt wird.

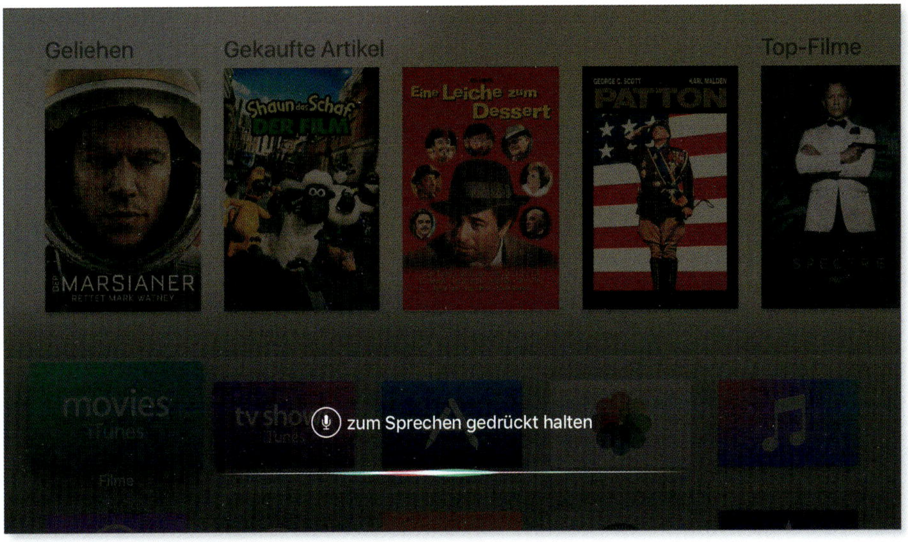

Siri wartet auf Anweisungen.

Siri hört auf Ihr Kommando

Siri ist zwar eine intelligente Spracheingabe, aber es ist trotzdem gut zu wissen, welche Anweisungen ausgeführt werden können und wie man mit Siri reden muss. Siri kann zwar eine ganze Menge, aber eben nicht alles. Was kann Siri für Sie tun? Siri ist auf folgende Funktionen beschränkt:

- Suche von Filmen, TV-Sendungen, Apps und sonstigen Informationen über Darsteller und Regisseure von Filmen
- Steuerung der Navigation am Apple TV
- Filmwiedergabe steuern
- Infos zu Filmen und TV-Sendungen anzeigen
- Steuerung der Musikwiedergabe
- Allgemeiner Abruf von Informationen aus dem Internet
- Diktieren

Die Kombinationen der verschiedenen Anweisungen, die mit Siri ausgeführt werden können, sind sehr vielfältig. Aus diesem Grund kann ich Ihnen nur einige grundsätzliche Tipps dazu geben, wie Sie mit Siri umgehen sollten.

Suche

Die Suche ist wohl die Funktion, die man am häufigsten mit Siri ausführt. Dabei sind Sie aber nicht auf genaue Film- oder TV-Titel beschränkt. Sie können eine ganze Anzahl von Kriterien für die Suche verwenden, z. B. Schauspieler, Regisseure oder Genres, die sich untereinander auch kombinieren lassen. Hier sind ein paar Beispiele:

- „Zeige mir alle James-Bond-Filme mit Sean Connery."
- „Zeige mir ‚Der Marsianer'."
- „Zeige mir Filme mit Leonardo DiCaprio."
- „Zeige mir lustige Actionfilme."
- „Finde Filme, die für Kinder ab 12 Jahren geeignet sind."
- „Spiele die erste Folge von ‚Walking Dead'."

Das sind nur einige Beispiele dafür, wie Sie Siri für die Suche nach Titeln verwenden können. Am besten ist es, Sie sprechen ganz natürlich mit Siri – so, als würden Sie mit einer echten Person reden.

! Die Suche mit Siri können Sie zu jedem Zeitpunkt ausführen. Sie müssen sich nicht unbedingt im Hauptbildschirm befinden. Sogar während ein Film läuft, können Sie die Suche mit Siri nutzen.

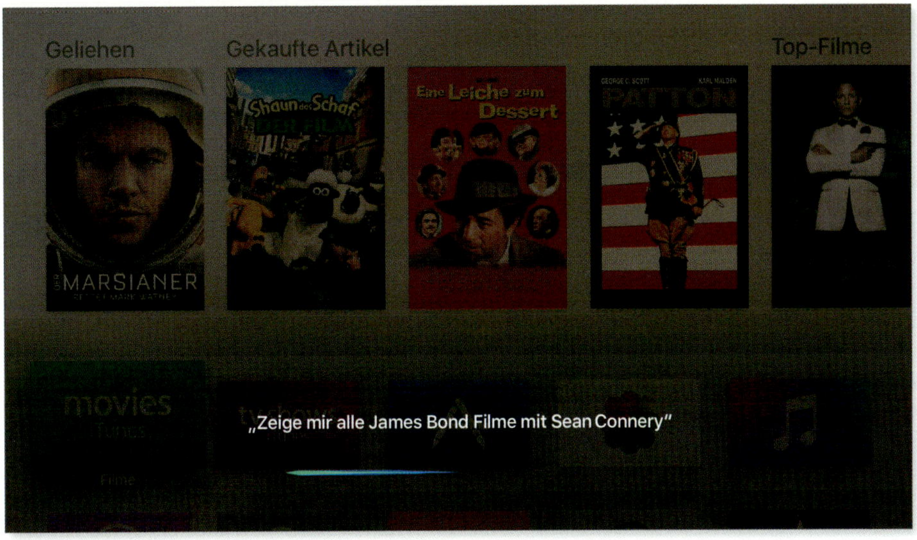

Siri soll nach allen James-Bond-Filmen mit Sean Connery suchen, ...

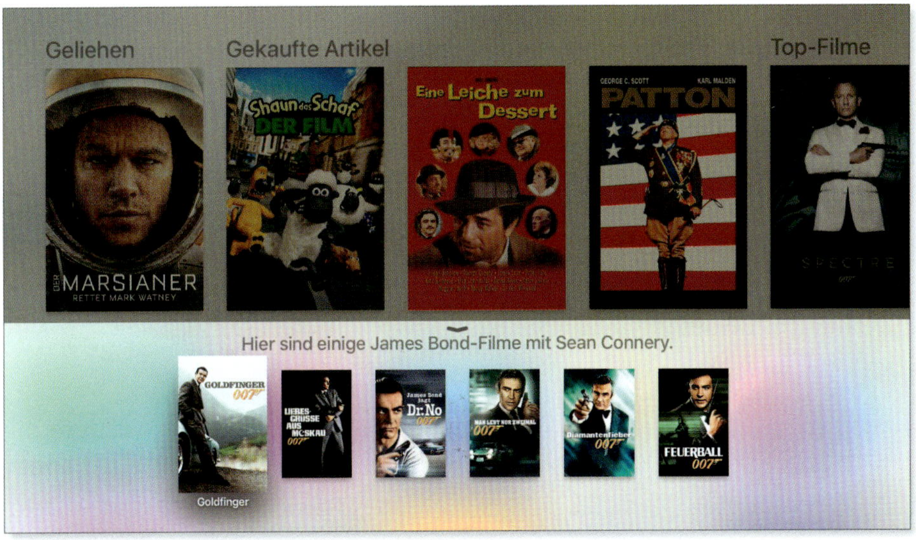

... die auch prompt gefunden und angezeigt werden.

Das Suchergebnis von Siri wird in der Siri-Leiste angezeigt. Dort können Sie dann das gewünschte Suchergebnis, wie z. B. einen Film, auswählen bzw. öffnen. Die Siri-Leiste schließen Sie entweder mit der *Menu*-Taste oder indem Sie auf der *Touch-Oberfläche* der Siri Remote-Fernbedienung nach unten streichen.

Falls die Suche zu viele Ergebnisse liefert, können Sie sie auch noch verfeinern. Wenn Sie z. B. die Anweisung „Zeige alle Filme von James Cameron" sprechen, erhalten Sie eine Vielzahl von Filmen. Wenn Sie jetzt nur die Dramen sehen wollen, sprechen Sie einfach „Nur die Dramen" in die Siri Remote-Fernbedienung. Schon ist das Ergebnis übersichtlicher.

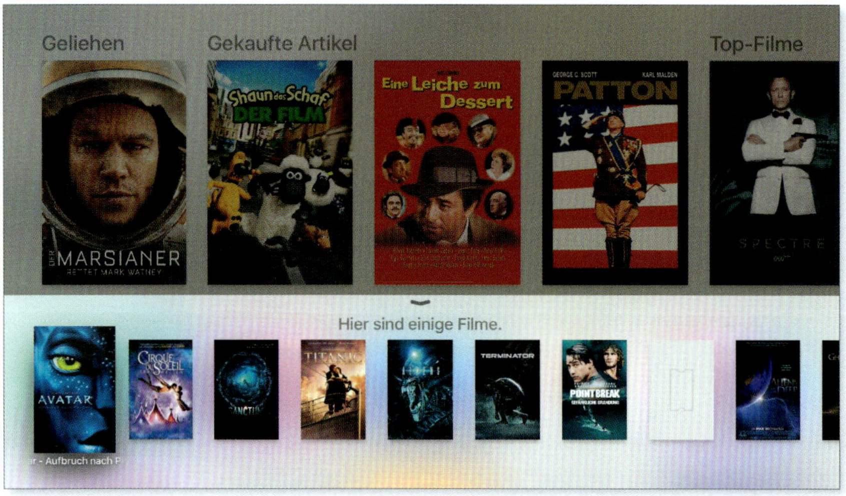

Die Suche nach „James Cameron" ergibt eine Vielzahl von Filmen.

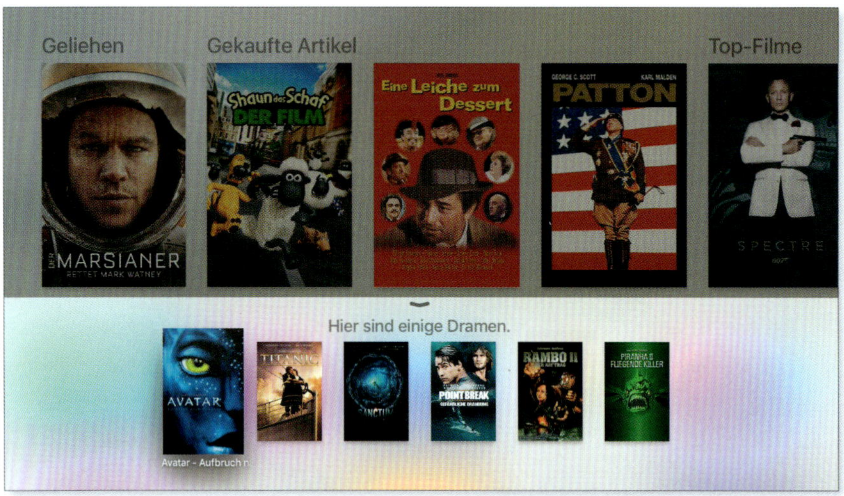

Hier wurde die Suche mit der Anweisung „Nur die Dramen" verfeinert.

Siri beschränkt sich bei der Suche nach Filmen und TV-Sendungen nicht nur auf den iTunes Store, sondern weitet die Suche auch auf andere Dienste wie Netflix aus. Wenn Sie ein Suchergebnis öffnen, wird im Infobereich angezeigt, wo Sie den Film bzw. die TV-Sendungen erhalten können.

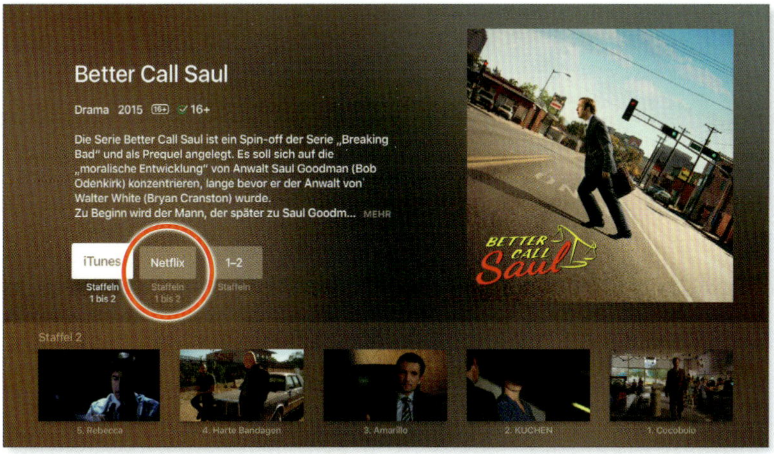

Siri sucht nicht nur bei iTunes, sondern auch bei anderen Diensten.

Außerdem können Sie mit Siri auch direkt bei YouTube nach Videos suchen lassen wie z. B. „Suche nach Gerhard Polt bei YouTube". Diese Anfrage öffnet automatisch die App YouTube und springt dann automatisch in die Suchfunktion und listet das Ergebnis auf.

> **!** Damit die Such bei Youtube funktioniert, muss natürlich die entsprechende App auf dem Apple TV installiert sein. Über den App Store können Sie sie herunterladen.

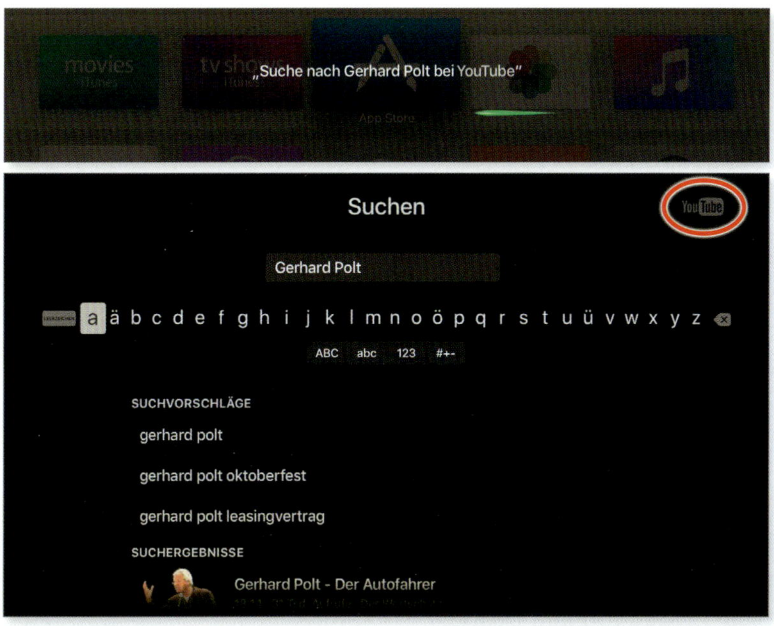

Mit Siri kann auch bei YouTube nach Videos gesucht werden.

Steuerung und Navigation

Die Suche ist nur ein Teil der Aufgaben, die Siri für Sie ausführen kann. Siri kann auch die Steuerung des Apple TV für Sie übernehmen. Mit einfachen Anweisungen können Sie Apps öffnen bzw. zu einer anderen App wechseln und Menüfunktionen ansteuern.

Die Anweisung „Starte YouTube“ oder „Öffne YouTube“ startet die YouTube-App bzw. wechselt zu dieser App. Auf diese Weise können Sie sehr schnell zu einer App springen bzw. diese starten, ohne zuerst den Hauptbildschirm öffnen und die App suchen zu müssen. Besonders wenn Sie viele Apps installiert und diese in Ordnern organisiert haben, ist Siri ein hilfreicher Assistent.

Wenn Sie sich z. B. in den *Einstellungen* befinden, können Sie Siri auch dazu verwenden, die einzelnen Kategorien anzusteuern. Sie müssen nur den Namen der gewünschten Kategorie in das Mikrofon sprechen. Eine Navigation mit der Touch-Oberfläche wird somit überflüssig.

Film- und Musikwiedergabe

Siri kann auch bei der Wiedergabe von Filmen bzw. TV-Sendungen behilflich sein. Wenn ein Film läuft, können Sie Siri eine ganze Reihe von Anweisungen geben. Hier sind einige Beispiele:

- „Pause“ und „Weiter“
- „Springe 5 Minuten vor.“
- „Schalte die Untertitel ein.“ bzw. „Schalte die Untertitel aus.“
- „Zu Englisch wechseln.“
- „Was hat er oder sie gesagt?“
  Dies ist eine ganz spezielle Anweisung. Damit springt der Film 15 Sekunden zurück und es werden vorübergehend die Untertitel aktiviert.

> **!** Untertitel und andere Sprachen müssen natürlich im jeweiligen Film vorhanden sein, damit Sie sie aktivieren bzw. wechseln können.

Für die Musikwiedergabe gibt es ähnliche Anweisungen, die von Siri ausgeführt werden können. Beispiele dafür sind:

- „Pause“, „Stopp“, „Nächstes Lied“ oder „Vorheriges Lied“
- „Spiele die Top 10 Rock Tracks.“
- „Spiele Lieder von den Beatles.“
- „Spiele das erste Album von Queen.“

- „Spiele mehrere solche Lieder."

Folgen Sie bei den Siri-Anweisungen einfach Ihren Instinkten, und versuchen Sie, ganz natürlich mit Siri zu sprechen.

> **!** Das einzige Problem kann die Aussprache von Namen oder Titeln sein, besonders wenn es fremdsprachige Namen sind. Es kann sein, dass Sie es mehrmals probieren müssen, bis Siri die Aussprache des Namens richtig verstanden hat.

Informationen abrufen

Neben der Filmsteuerung lassen sich auch Zusatzinformationen über Filme und TV-Sendungen während des Abspielens anzeigen, z. B. mit „Wer spielt in diesem Film mit?" oder mit „Wann wurde dieser Film veröffentlicht?". Sogar aktuelle Informationen aus dem Internet können jederzeit angezeigt werden. Dabei sollten Sie allerdings nicht zu viel von Siri erwarten; das Apple TV ist schließlich kein richtiger Computer und besitzt keinen Browser. Aber einfache Anfragen zum Thema Sport, Wetter oder Aktien werden von Siri ohne Murren akzeptiert.

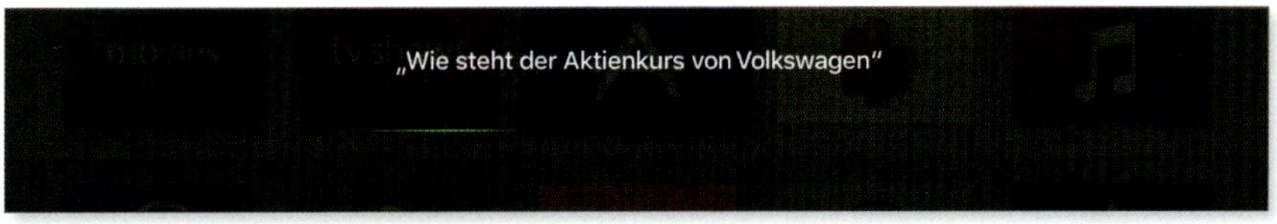

Ich will den Aktienkurs von Volkswagen wissen, ...

... der auch prompt in der Siri-Leiste angezeigt wird.

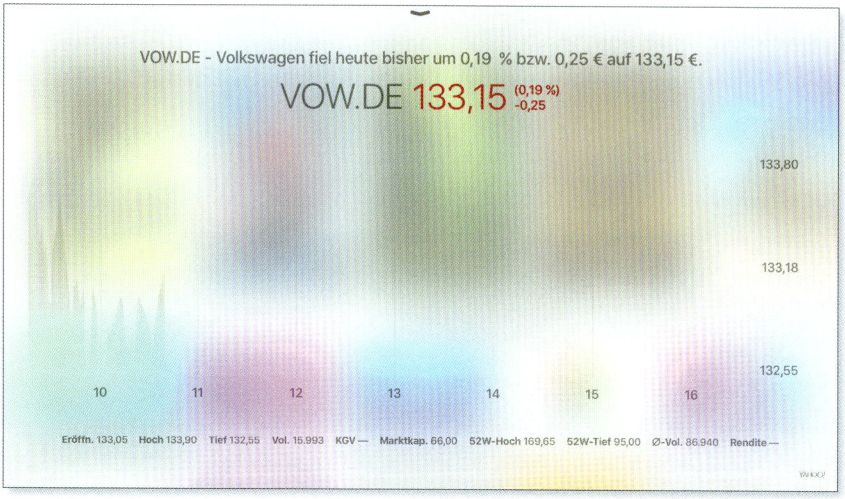

Eine detaillierte Anzeige erhält man, wenn man auf der Touch-Oberfläche der Siri Remote-Fernbedienung mit dem Finger nach oben streicht.

Die detaillierte Anzeige gibt es nicht für alle Anfragen. Besonders im Bereich Sport sind die Informationen meistens etwas dürftig. Aber die Frage nach Wetterdaten wird vom Apple TV sehr detailreich beantwortet.

Die Frage nach dem Wetter in Rom ...

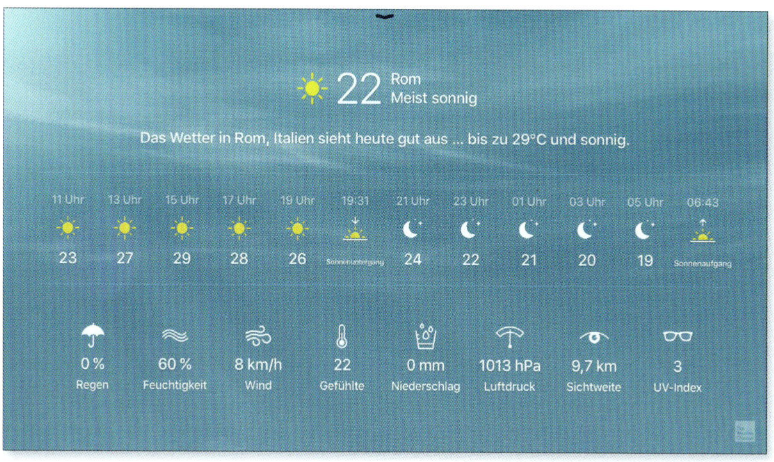

... liefert umfangreiche Informationen.

Diktierfunktion

Siri hat noch eine kleine Schwester, die Diktierfunktion. Vielleicht kennen Sie so etwas bereits vom Computer. Sie sprechen einen Text ins Mikrofon, und daraus wird z. B. in Word ein getippter Text. Wo allerdings benötigt man am Apple TV eine Diktierfunktion? Das Ding hat doch keine Textverarbeitung! Stimmt, aber Sie benötigen die Texteingabe bei der Suche oder bei der Angabe von Benutzernamen und Passwörtern. Anstatt nun umständlich die einzelnen Buchstaben auf der Bildschirmtastatur auszuwählen, können Sie den Text auch in das Mikrofon der Siri Remote-Fernbedienung sprechen.

> **!** Die Diktierfunktion ist erst ab der Version 9.2 von tvOS integriert und kann auch für die Eingabe von Benutzernamen und Passwörtern verwendet werden, wobei Sie jeden Buchstaben bzw. jedes Zeichen einzeln diktieren können.

Wenn Sie die Suchfunktion öffnen, erscheint bereits im Eingabefeld die Bezeichnung „Siri-Taste drücken und diktieren". Halten Sie also die Siri-Taste gedrückt, und sprechen Sie den gewünschten Text in die Siri Remote-Fernbedienung. Während Sie sprechen, sehen Sie unterhalb des Eingabefeldes ein Klangwellenmuster Ihrer Sprache.

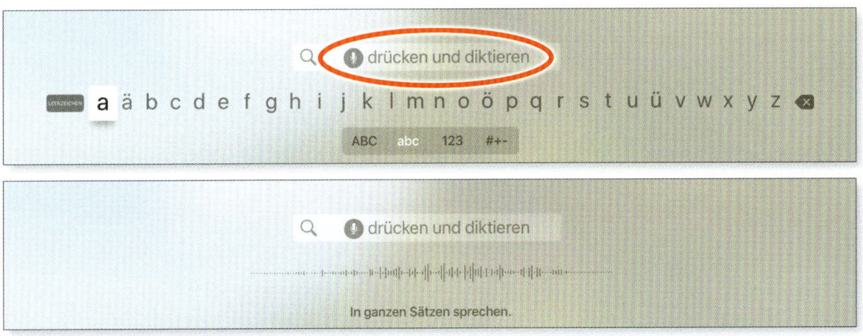

Die Diktierfunktion können Sie für die Eingabefelder verwenden.

Die Diktierfunktion können Sie auch ausschalten. Dann müssen Sie in den Eingabefeldern den Text manuell eingeben oder eine Bluetooth-Tastatur verwenden. In den *Einstellungen* bei *Allgemein* finden Sie den Bereich *Diktierfunktion*, in dem Sie das Diktieren ein- bzw. ausschalten können.

Kapitel 10 Siri auf dem Mac

Siri aktivieren und einstellen

Mit macOS Sierra hat Apple Siri auch auf seine Macintosh-Computer gebracht. Auf dem Mac unterscheidet sich Siri kaum von Siri auf dem iPhone, einige wenige systemspezifische Unterschiede gibt es allerdings doch.

Bevor Sie Siri auf dem Mac nutzen können, muss die Funktion natürlich erst aktiviert werden. Das ist normalerweise bereits der Fall, aber ein Abstecher in die entsprechenden Einstellungen kann nicht schaden.

Wie alle systemnahen Konfigurationen finden Sie auch Siri in den Systemeinstellungen. Über die Option *Siri aktivieren* ❶ schalten Sie Siri auf Ihrem Mac ein bzw. aus.

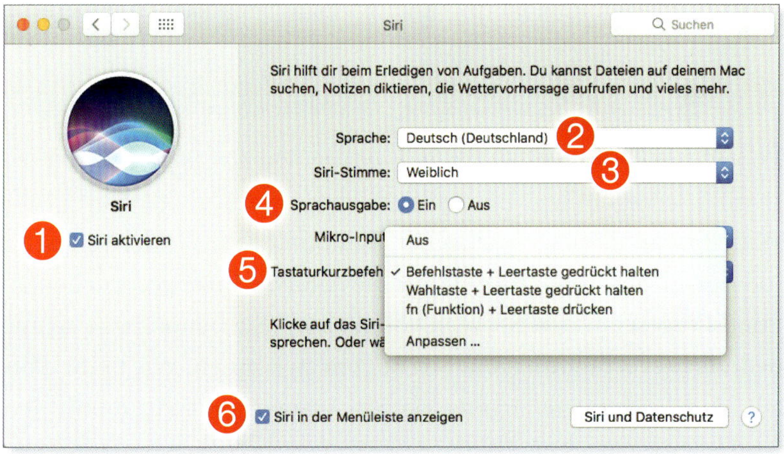

Siri wird auf dem Mac in den Systemeinstellungen konfiguriert.
Die Optionen unterscheiden sich kaum von denen auf dem iPhone, allerdings können Sie auf einem Mac Siri dauerhaft stummschalten.

Wie vom iPhone gewohnt können Sie hier Sprache ❷ und Stimme ❸ einstellen. Anders als auf dem iPhone lässt sich auf dem Mac die Sprachausgabe vollständig ausschalten ❹ – das ist in diesem Fall möglich, da es unter macOS keine „Hey Siri“-Funktion gibt (vermutlich wird Apple diese Funktionalität aber bei einem der nächsten Updates hinzufügen).

Wichtig ist hier die Option für den *Tastaturkurzbefehl* ❺. Standardmäßig startet Siri mit der Kombination *cmd*- und *Leertaste*. Da Sie mit dieser Kombination üblicherweise aber auch die Suchfunktion „Spotlight“ starten, müssen Sie die Tasten etwas länger gedrückt halten, bis Siri sich meldet. Das ist in der Praxis mitunter etwas lästig: Da ist es einfacher, die Kombination aus *fn*- und *Leertaste* zu wählen, denn hier genügt bereits ein kurzer Druck auf die beiden Tasten, um Siri zu aktivieren. Natürlich können Sie auch eine eigene Kombination frei wählen.

Soll Siri auch über einen Klick auf das Siri-Symbol in der Menüleiste rechts oben aufgerufen werden können, lassen Sie die Option *Siri in der Menüleiste anzeigen* ❻ aktiviert.

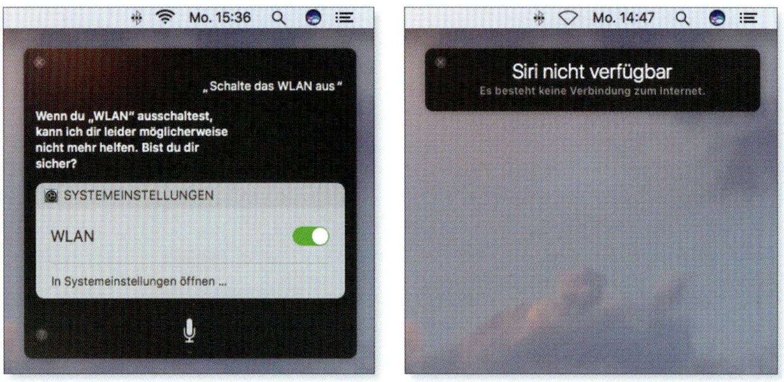

Wie auf dem iPhone benötigt Siri auch auf dem Mac eine Internetverbindung.

Der Mac ist zwar als ausgewachsener Computer sehr viel leistungsfähiger als iPhone oder iPad, aber auch hier erfolgt die Analyse Ihrer gesprochenen Anweisungen und Fragen auf den Servern von Apple – Sie benötigen also auch beim Mac eine Internetverbindung, um Siri nutzen zu können. Wie beim iPhone lässt sich auch hier der Internetzugang via Siri kappen und Siri damit den Boden unter den Füßen wegziehen.

Siri aufrufen und beenden

Anders als auf dem iPhone ist Siri auf dem Mac als normale App integriert, die auf vier verschiedene Arten aufgerufen werden kann:

- *Dock:* Standardmäßig ist das Siri-Icon im Dock hinterlegt. Mit einem Klick darauf starten Sie Siri.

> **!**
>
> **Siri aus dem Dock entfernen:** Der Platz im Dock ist begrenzt, und es gibt noch andere Wege, um Siri zu starten – da erscheint es fast als Platzverschwendung, Siri im Dock zu platzieren. Um Siri aus dem Dock zu entfernen, ziehen Sie das Symbol einfach auf den Desktop, bis der Text „Entfernen" erscheint. Lassen Sie nun den Mauszeiger los.

- *Launchpad:* Wie andere Programme auch ist Siri natürlich über das Launchpad zu erreichen. Das Launchpad öffnen Sie, indem Sie vier oder fünf Finger auf dem Trackpad zusammenziehen.
- *Menüleiste:* Standardmäßig ist Siri als kleines Symbol oben rechts in der Menüleiste zu sehen. Klicken Sie darauf, um Siri zu starten. Falls Sie sehr viele Symbole in der Menüleiste haben, könnte es dort etwas eng werden. In diesem Fall deaktivieren Sie in den Siri-Einstellungen die entsprechende Option.
- *Tastenkombination:* Der eindeutig schnellste Weg zu Siri führt über die in den Einstellungen festgelegte Tastenkombination. Ein Druck auf diese Kombination – und schon erscheint Siri.

Sobald Sie Siri aufgerufen haben, erscheint oben rechts das Siri-Fenster als Overlay und wartet auf Ihre Anweisung oder Frage.

Das Siri-Fenster erscheint beim Mac in der rechten oberen Ecke. Ein Klick auf das „x" schließt das Fenster, aber es gibt auch andere Wege.

Wenn Sie Siri zum ersten Mal oder nach einer längeren Pause starten, braucht das System einen kurzen Moment, bis es betriebsbereit ist. In diesem Fall erscheint im Fenster neben der Frage, wie Siri Ihnen behilflich sein kann, nur ein Mikrofon; kurz darauf wird das Mikrofon durch die vom iPhone her vertraute pulsierende Welle ersetzt und Siri hört Ihnen zu.

Möchten Sie Siri beenden, sagen Sie einfach „Tschüss" oder „Auf Wiedersehen" und das Fenster wird wieder ausgeblendet. Alternativ dazu können Sie auch auf das kleine *x* im Siri-Fenster klicken. Um eine Antwort von Siri abzubrechen und das Fenster zu schließen, drücken Sie einfach die *esc*-Taste.

Der Mac und seine Mikrofone

Siri funktioniert auf dem Mac praktisch so wie auf dem iPhone: Sie stellen Ihre Frage oder geben Ihre Anweisung und Siri reagiert. Dabei benutzt Siri standardmäßig die internen Mikrofone, die bei jedem MacBook und iMac dazugehören. Wenn Sie mit einem Mac Pro oder einem Mac mini arbeiten, benötigen Sie allerdings ein externes Mikrofon.

!

Wird das Headset unterstützt? Es bietet sich an, das Headset des iPhones als Mikrofon zu benutzen. Allerdings wird diese Eingabequelle auf älteren Macs nicht unterstützt. Um zu überprüfen, ob Ihr Mac die Toneingabe über das iPhone-Headset akzeptiert, rufen Sie **(Apfel-Menü) -> Systemeinstellungen -> Ton** auf. Wechseln Sie zum Register **Eingabe**: Sehen Sie hier den Eintrag **Externes Mikrofon**, können Sie Ihr iPhone-Headset mit Ihrem Mac benutzen.

Beim iPhone können Sie die Qualität der Audio-Erkennung verbessern, indem Sie Ihr iPhone einfach näher an Ihren Mund halten – beim Mac funktioniert das natürlich nicht (es sei denn, Sie möchten Ihren Mac hochheben ...). Um hier die Audio-Erkennung etwas zu verbessern, müssen Sie sich also selbst etwas näher an das eingebaute Mikrofon begeben.

Wo die Mikrofone an Ihrem Mac sind, hängt von Ihrem Modell ab: Beim MacBook befinden sie sich an der rechten Seite neben dem Mikrofonanschluss, beim MacBook Air und beim MacBook Pro finden Sie sie dagegen an der linken Seite und beim iMac neben der FaceTime-Kamera am oberen Rand des Displays.

> **!**
>
> **Erkennung verbessern:** Sie haben zwei Möglichkeiten, die Erkennung Ihrer Spracheingabe zu verbessern – beides erledigen Sie unter **(Apfel-Menü) -> Systemeinstellungen -> Ton**, Register **Eingabe**. Hier aktivieren Sie zum einen den Punkt **Umgebungsgeräusche reduzieren**, um störende Geräuschquellen möglichst auszufiltern. Zum anderen können Sie über den Regler **Eingangslautstärke** die Empfindlichkeit der Mikrofone erhöhen.

Siri auf dem Mac einsetzen

Siri beherrscht auf dem Mac all das, was es auch auf dem iPhone kann. Und wie auf dem iPhone zeigt Ihnen Siri eine Fülle an Beispielen, wie Sie das System auf dem Mac nutzen können. Wenn Sie nach dem Aufruf von Siri überhaupt nichts sagen, zeigt Ihnen Siri zur Aufmunterung wie gewohnt eine Reihe von Beispielen. Eine umfangreiche Liste erhalten Sie, wenn Sie Siri darum bitten – sagen Sie einfach „Hilfe“ (oder klicken Sie auf das Fragezeichen links unten im Siri-Fenster).

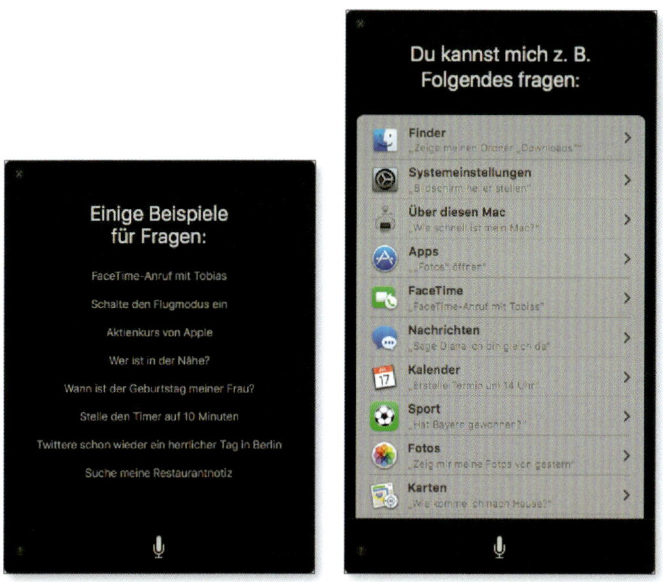

Auch auf dem Mac steht Ihnen Siri mit hilfreichen Vorschlägen und Anregungen zur Seite.

Zu den Dingen, die Siri auf dem Mac für Sie erledigen kann, gehören auch Information zu Inhalten, für die es auf dem Mac keine passende App gibt. Auf dem Mac fehlt zum Beispiel eine Aktien-App, aber trotzdem können Sie Siri nach aktuellen Aktienkursen fragen. Gleiches gilt für die Wetter-Informationen: Auch hier gibt es keine Wetter-App auf dem Mac, doch auch in diesem Fall kann Siri Ihre Fragen zum Wetter beantworten.

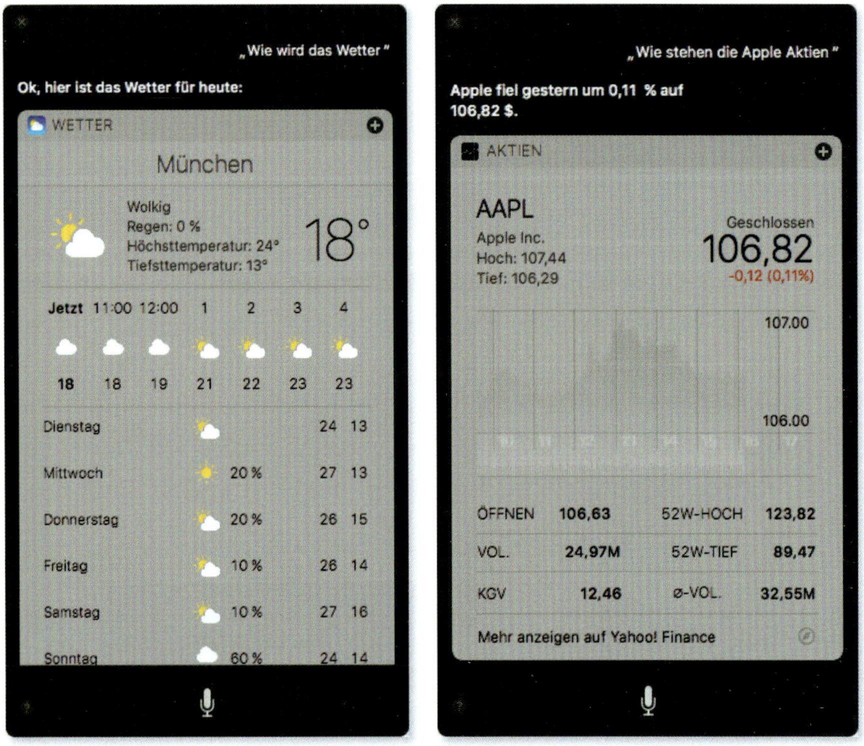

Auch wenn der Mac keine Wetter- oder Aktien-App besitzt, kann Siri Ihnen doch mit den entsprechenden Informationen dienen.

Bei Fragen, die den Zugriff auf die Ortsdaten erfordern – etwa „Wo bin ich" oder „Wie wird das Wetter" –, informiert Sie Siri darüber, dass es dafür Zugang zu Ihrer aktuellen Position benötigt, und verrät Ihnen auch gleich, wie Sie Siri den Zugriff erlauben können – nämlich unter *Systemeinstellungen -> Sicherheit -> Privatsphäre*. Damit Sie nicht lange klicken müssen, bietet Siri Ihnen auch gleich einen Link zu den Einstellungen an.

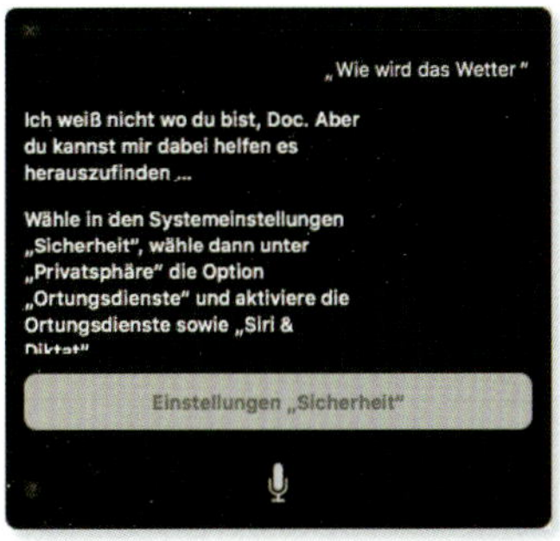

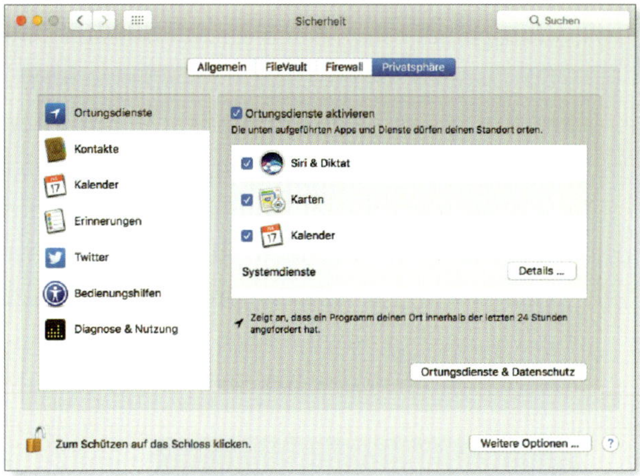

Bevor Siri Ihnen Fragen zum aktuellen Wetter beantworten kann, benötigt es Zugriff auf Ihre Ortsdaten.

Das Siri-Fenster wird in der Regel so lange angezeigt, bis Sie es explizit schließen. Das hat den Vorteil, dass Sie durch Ihre gesamte Konversation mit Siri scrollen können, um etwa zuvor bereits erhaltene Informationen erneut nachzulesen.

Nach der Beantwortung einer Frage bleibt das Siri-Fenster zwar geöffnet, aber Siri hört Ihnen nicht mehr zu. Um eine weitere Frage zu stellen, drücken Sie entweder erneut die gewählte Tastenkombination – also zum Beispiel *fn-* + *Leertaste* –, oder Sie klicken auf das Mikrofon-Symbol im Siri-Fenster.

> **!** **Eingaben korrigieren:** Wie auf dem iPhone ist es natürlich auch auf dem Mac möglich, fehlerhaft erkannte Eingaben zu korrigieren. Doppelklicken Sie dazu im Siri-Fenster auf den falsch verstandenen Text und korrigieren Sie ihn über die Tastatur. Nach einem Druck auf die **Return**-Taste wird die Frage von Siri erneut analysiert.

Es gibt allerdings auch Fälle, in denen das Siri-Fenster von allein geschlossen wird, etwa wenn Sie Siri mit „Öffne den Finder" (oder irgendein anderes Programm) anweisen, ein bestimmtes Programm zu öffnen. In diesem Fall führt Siri Ihre Anweisung aus und verschwindet wieder vom Bildschirm.

Siri bietet auf dem Mac noch drei weitere Einsatzfelder, die auf dem iPhone nicht existieren: Siri kann auch auf den Finder, die Systemeinstellungen und die Funktion *Über diesen Mac* zugreifen.

- *Finder:* Mit Siri können Sie auf Dokumente und Ordner zugreifen. Dabei versteht Siri Anweisungen wie „Öffne den Ordner Dokumente". Siri öffnet daraufhin den gewünschten Ordner in einem Finder-Fenster und verabschiedet sich. Auch die Suche nach Dateien wie „Zeige mir meine PDF-Dateien" ist möglich, wobei Sie zudem Einschränkungen vornehmen können, etwa „Zeige mir meine Dateien zu Arno Schmidt". Möglich sind auch zeitliche Einschränkungen, etwa: „Zeige mir die Dokumente, die ich gestern bearbeitet habe". Dabei öffnet Siri kein Finder-Fenster, sondern zeigt Ihnen die Trefferliste im Siri-Fenster an: Hier klicken Sie auf einen Eintrag, um die entsprechende Datei zu öffnen. Klicken Sie auf das Finder-Symbol unten rechts, wird ein Finder-Fenster mit den gefundenen Dateien geöffnet und das Siri-Fenster geschlossen.

Siri auf dem Mac kann auch mit dem Finder oder den Systemeinstellungen interagieren – den Mac ausschalten kann es allerdings nicht.

- *Systemeinstellungen:* Siri kann Ihnen nicht nur sofort einen bestimmten Bereich der Systemeinstellungen zeigen – etwa: „Zeige mir die Drucker-Einstellungen" –, sondern auch innerhalb der Systemeinstellungen bestimmte Aktionen erledigen wie beispielsweise „Verringere die Lautstärke" oder „Reduziere die Helligkeit". Möchten Sie die Aktion umgehend rückgängig machen, können Sie eine rückbezügliche Formulierung wie „Erhöhe sie wieder" benutzen.
- *Über diesen Mac:* Möchten Sie rasch wissen, wie viel Speicher in Ihrem Mac eingebaut ist oder welche Seriennummer er hat, können Sie auch diese Fragen an Siri übergeben, ohne zuerst *(Apfel-Menü) -> Über diesen Mac* anzuklicken.

Internet-Suche und Widgets

Natürlich kann Siri auf dem Mac für Sie auch im Internet suchen, sei es nach beliebigen Informationen, sei es gezielt nach bestimmten Bildern – das kann Siri auf dem iPhone ja auch. Auf dem Mac hat Siri hier aber noch etwas mehr zu bieten: Zeigen Sie etwa mit der Maus auf einen Treffer, wird die URL der entsprechenden Webseite angezeigt. Und nicht nur das: Klicken Sie ein Bild mit der rechten Maustaste an, wird ein Kontextmenü eingeblendet, das Ihnen die Option *Öffnen*, *Schnellvorschau* und *Kopieren* bietet.

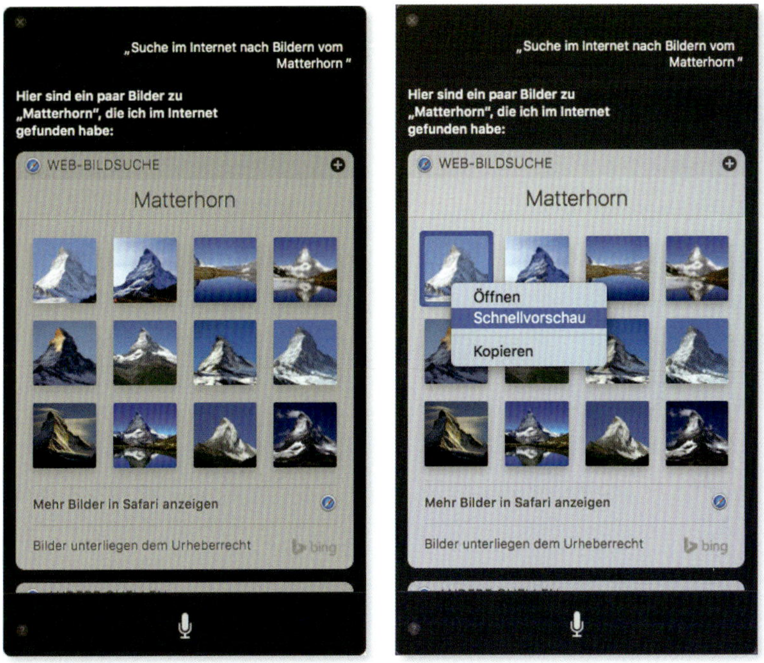

Siri kann natürlich auch auf dem iPhone nach Bildern im Internet suchen – aber auf dem Mac bietet Siri noch einige Funktionen mehr.

- *Öffnen:* Die entsprechende Webseite wird in Safari geöffnet. Das entspricht einem Doppelklick auf einen Treffer.
- *Schnellvorschau:* Das entsprechende Bild wird geöffnet und auf dem Desktop in voller Größe angezeigt. So erhalten Sie einen Eindruck vom Bild, ohne die Webseite zuerst in Safari öffnen und auf der Seite das Bild suchen zu müssen.

- *Kopieren:* Das Bild wird in die Zwischenablage von macOS kopiert und kann von dort in andere Dokumente übernommen oder auch auf dem Desktop abgelegt werden. Das funktioniert übrigens auch mit Drag & Drop.

Unter macOS lassen sich in der Mitteilungszentrale Widgets ablegen, die aktuelle Informationen anzeigen, also zum Beispiel Ihre aktuellen Termine, Ihre Aufgabenliste, einen Wetterüberblick und ähnliches mehr.

Üblicherweise werden die Widgets über die *Bearbeiten*-Funktion der Mitteilungszentrale hinzugefügt. Das funktioniert aber auch mit Siri. Fragen Sie Siri etwa „Wie spät ist es", zeigt Ihnen Siri nicht nur die Uhrzeit an, sondern auch ein kleines Pluszeichen: Klicken Sie darauf, wird die Uhr der Mitteilungszentrale hinzugefügt. Fragen Sie „Wie spät ist es in New York", wird entsprechend die New-Yorker-Uhrzeit in die Zentrale aufgenommen.

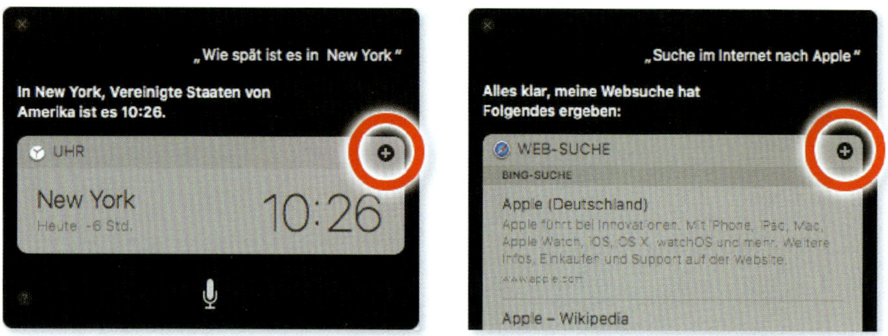

Sobald an einer Antwort von Siri rechts oben ein kleines Pluszeichen zu sehen ist, können Sie das Ergebnis Ihrer Siri-Anfrage als Widget in die Mitteilungszentrale übernehmen.

Dabei kann Siri auch etwas, was so auf den ersten Blick gar nicht vorgesehen ist: Sie können die Ergebnisse einer Suche im Internet ablegen. Denn auch bei einer Suche im Internet erscheint das kleine Pluszeichen. Klicken Sie darauf, wird die Suche als Widget abgelegt und Sie können anschließend jederzeit die Suche wiederholen, ohne zuerst Safari starten oder die Suche in ein Lesezeichen übernehmen zu müssen.

Kapitel 11 Spaß mit Siri

Es gibt keine dummen Fragen …

Vermutlich haben Sie es schon bemerkt – Siri antwortet auf Fragen nicht immer mit dem gleichen Text, sondern variiert ihn. Und manchmal baut das System auch mehr oder weniger lustige Bemerkungen ein. Das gilt insbesondere dann, wenn Sie Siri nicht ganz ernst gemeinte Fragen stellen oder Siri eher ungewöhnliche Aufgaben stellen. Dann antwortet Siri manchmal schnippisch, manchmal humorvoll, auf jeden Fall immer wieder ein klein wenig anders.

Die folgenden Beispiele zeigen das Spektrum an verschiedenen Fragen und Antworten, mit denen Sie sich mit Siri amüsieren können. Probieren Sie die Fragen ruhig mehrfach aus, Sie werden feststellen, dass Siri immer mal wieder ein wenig anders antwortet.

Am besten machen Sie sich mit Siri zuerst einmal bekannt.

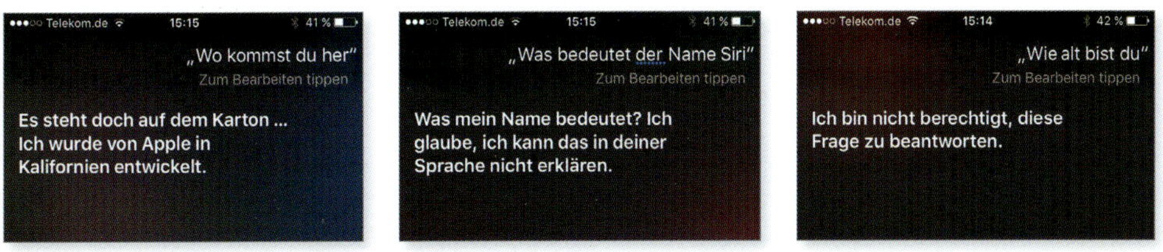

Anschließend können Sie dazu übergehen, einige persönliche Fragen zu stellen.

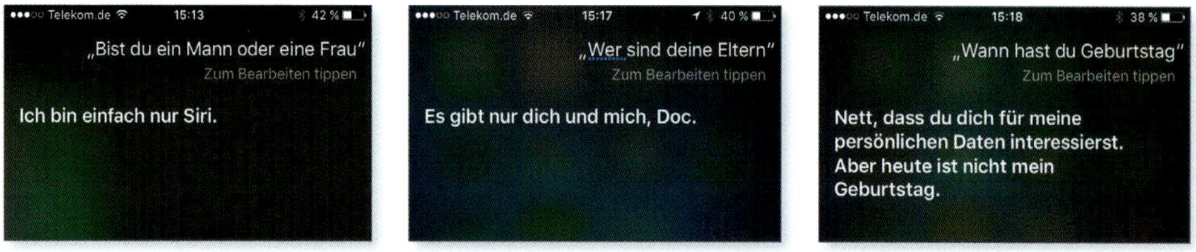

Versuchen Sie, mehr persönliche Informationen von Siri zu bekommen.

Manche Fragen beantwortet Siri mit Anspielungen auf die Popkultur. „Tardis" wird Ihnen zum Beispiel nur etwas sagen, wenn Sie die TV-Serie „Dr. Who" kennen.

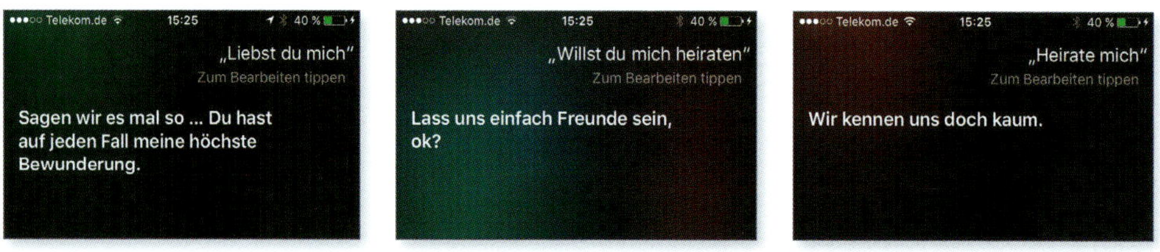

Allzu große Zuneigung lehnt Siri höflich, aber bestimmt ab.

Sie können es so oft versuchen, wie Sie wollen – bei Siri können Sie einfach nicht landen.

Siri ist nicht sehr sportlich, singen mag es auch nicht und die Lottozahlen kann Ihnen Siri auch nicht verraten. Eigentlich schade.

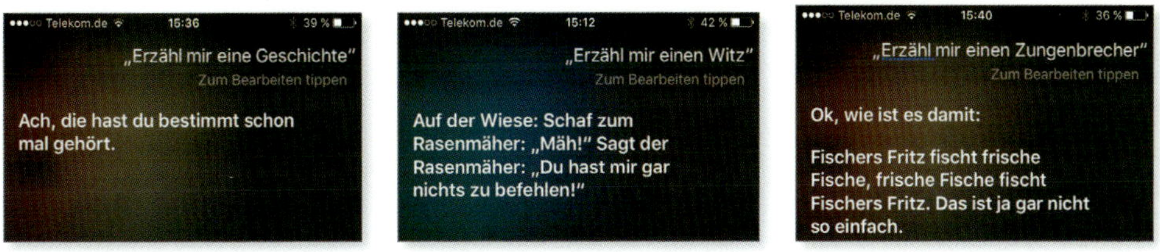

Geschichten erzählt Siri nicht so gern, dafür kennt es Witze und versucht sich an Zungenbrechern.

Fragen zur Konkurrenz weicht Siri vorsichtig aus.

Siri mag es gar nicht, wenn Sie es mit den Sprachassistenten der Konkurrenz verwechseln.

Bei der Hardware macht Siri keine Kompromisse – da kennt es nur Apple. Und sonst gar nichts.

Siri lebt abstinent, ist aber gern bereit, Ihnen im Falle eines Falles zu helfen und bietet Ihnen an, ein Taxi zu rufen – ganz ohne Witz.

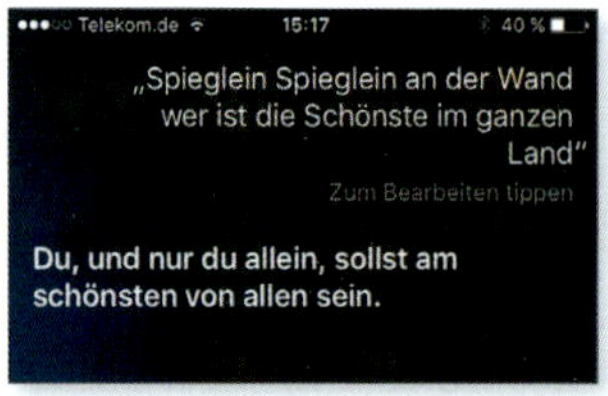

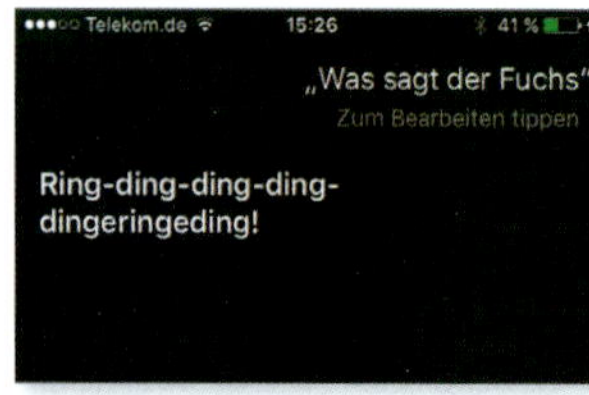

Siri lässt sich auch mit unsinnigen Fragen oder Märchenreimen nicht aus der Bahn werfen (falls Ihnen der Fuchs nichts sagt – das ist eine Anspielung auf den 2013er-Hit „The Fox" der norwegischen Gruppe Ylvis).

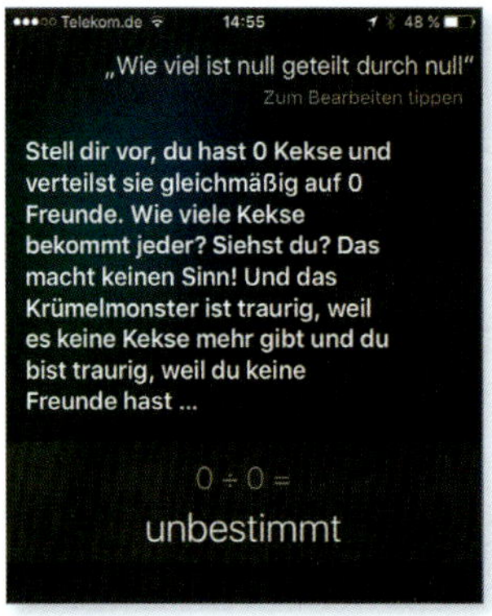

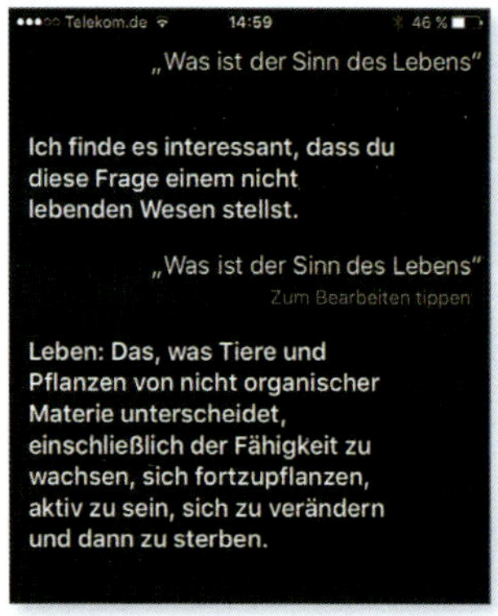

Auch vor eher philosophischen Fragen schreckt Siri nicht zurück.

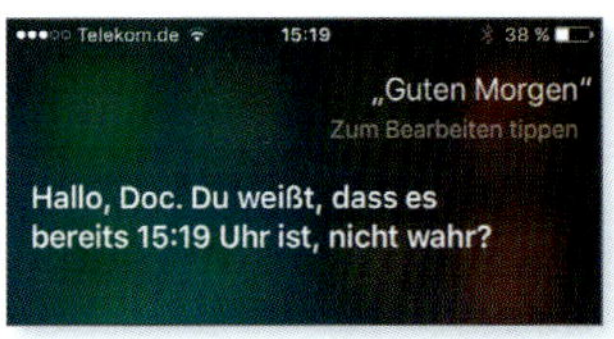

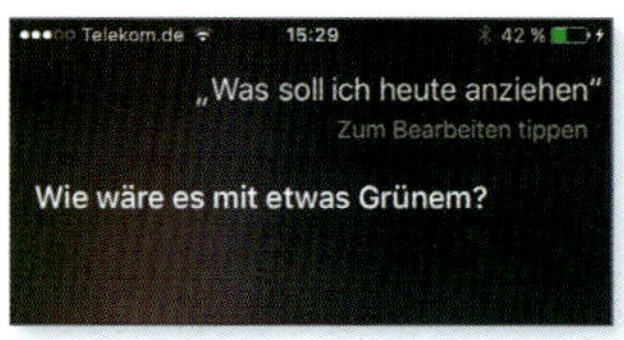

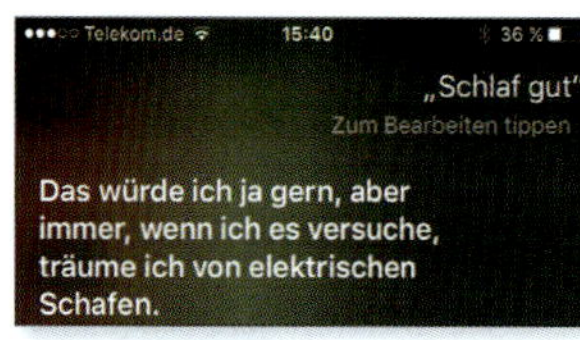

Siri selbst braucht keinen Schlaf und kann leichten Tadel nicht unterdrücken, wenn Sie sich als Langschläfer entpuppen. Dafür gibt Ihnen Siri aber bereitwillig Vorschläge, was Sie anziehen sollen.

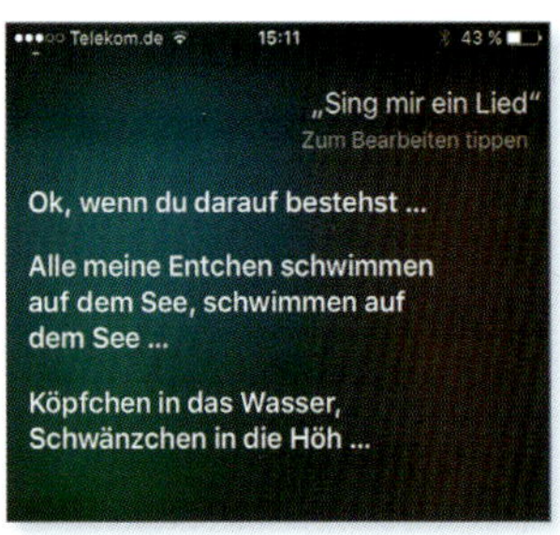

Wenn Sie Siri lange genug bitten, singt es doch noch. Oder versucht es zumindest. Das Würfeln dagegen beherrscht Siri besser (das funktioniert übrigens auch mit „Wirf eine Münze"). Und natürlich darf eine Anspielung auf „Star Wars" nicht im Repertoire fehlen.

Index